大原千鶴の

「新[illegible]腐百珍」

シンプ[illegible]
からだ[illegible]100レシピ

世界文化社

ウェルビーイング

私が生まれた昭和40年、日本は高度経済成長の真っ只中。

強い消費意欲と競争心と上昇志向に沸いていた。私たちは随分「自我」を振りかざし「贅沢」というものを追い求めてきたように思う。

でも今は「自我」や「贅沢」をなんだか遠いものに感じる。

それよりも「安らぎ」や「落ち着き」、そして何より「いいつながり」を求めている。

求めたい「いいつながり」は対人でもあるし、対社会、対環境でもある。

奇しくも時代はSDGs（持続可能な開発目標）。肉食が地球温暖化の大きな原因になっていることを皆さんはご存じだろうか。もし私たちが沢山の野菜と穀物と豆を食べ、肉食を少し控えれば、未来の地球ととても素敵な「いいつながり」ができる。

私だって肉が大好きだ。でも、地球の裏側で、畜産のための穀物生産、それに使う水を買い占められて、あるはずの水が飲めず、穀物が買えずに

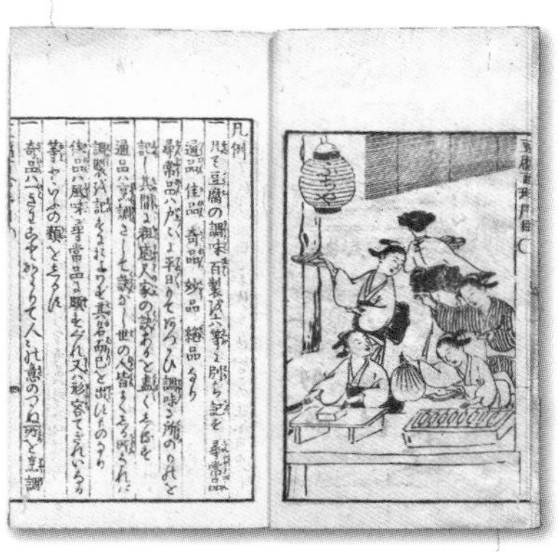

『豆腐百珍』は、天明２年（1782）に刊行され、大人気を博した江戸の料理本。尋常品、通品、佳品、奇品、妙品、絶品のランク別に100種の豆腐料理を解説。

上・百珍の第一品目は「木の芽田楽」。田楽用の爐（いろり）が図入りで解説されている。
左・『豆腐百珍続編』（1783刊）より、伝統芸能の芸人、田楽法師の解説。豆腐雑話も掲載された。

『日本古典籍データセット』（国文研等所蔵）
提供：人文学オープンデータ共同利用センター

命を落とす人が沢山いると思うと、この胸の痛みはどうすればいいのだろう。

その胸の痛みのためか？　年齢のせいか？　肉は少しでいい。

地元で取れたたっぷりの野菜と少しの肉か魚。そして豆腐があればいい。

実はそれは昔から京都で行われていた慎ましやかな食事法だ。

今、この地球は人間と家畜で覆われている。私たちが食べるものに少し配慮することで、環境に対するリスクが軽減でき、「いいつながり」を持つことで幸せを感じられるなら、それこそが私たちの望むウェルビーイングなのではないだろうか。

そんなことを考える折、江戸時代の大ヒット料理本『豆腐百珍』に出合った。

いろいろ作ってみて「これはないわぁ」「うーん。まぁまぁやな」と自分なりに豆腐としっかり向き合ってみた。豆腐は実に奥が深い。

これは和を基本とし、豆腐百珍を活かしつつも簡単で、ちょっと男前な私なりの豆腐料理１００選だ。これが皆様のウェルビーイング（well-being）の指南書になれば嬉しい。豆（bean）だけに。

Contents

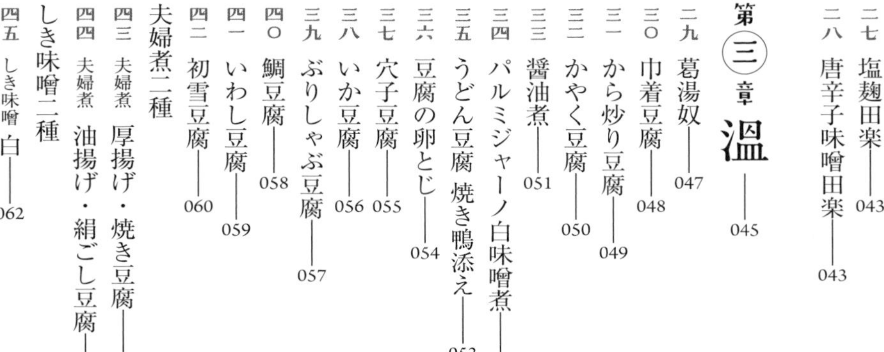

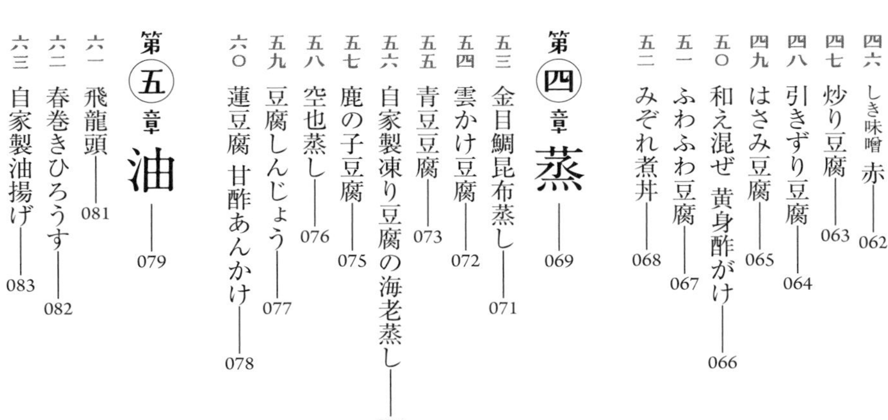

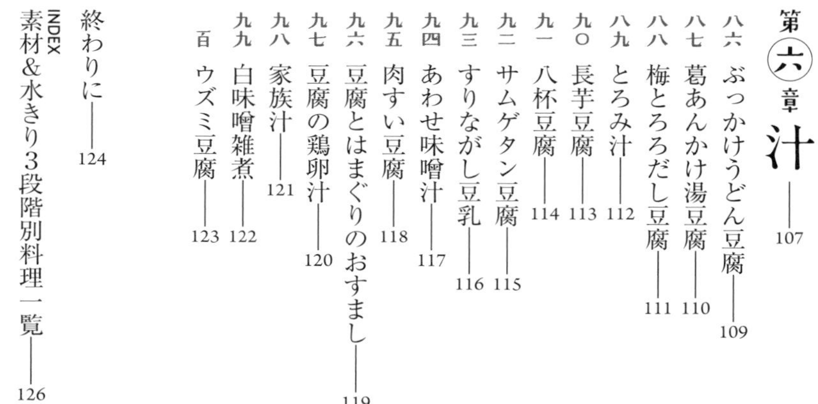

この本の使い方

- レシピの豆腐（木綿、絹ごし）は１丁400gのものを使っています。
- 豆腐の水きりは３段階に分け、💧、💧💧、💧💧💧のアイコンで表示しています（14～15ページ参照）。
- 大さじ１は15ml、小さじ１は５mlです。
- 料理名の後に【 】をつけたものは『豆腐百珍』をオマージュし、現代風にアレンジしたものです。
- だしは水だしを使っており、材料表ではだしと表記しています。冷水ポットに水２ℓを入れ、利尻昆布（5g）と鯖や宗田鰹など混合の削り節（15g）を入れただしパックを加え、３時間以上おいたもの。冷蔵庫で冬場なら３日ほど、夏場なら２日ほど保存可能。
- フライパンはフッソ樹脂加工のものを使っています。

序章

私の豆腐百珍

豆腐はオールマイティー。豆腐ってスゴイ

ほんの30年前までは京都にはたくさん豆腐屋さんがありました。

各町内といったら大袈裟（おおげさ）になりますが、あちこちに豆腐屋さんがあり、皆さんその地域の方に愛されて大変なお仕事を続けてくださっていました。

京都は職人の街。着物や焼き物や指物など、多くの工芸品を作る腕のいい職人さんは家で仕事をしておられます。家族もともにその仕事を支え、食事も仕事も家の中。三度の食事の準備は本当に大変なことだと思います。そんな職人さんの家を支えているのがご近所の豆腐屋さんでした。豆腐は安くて、栄養があってそのまま食べられる優れたファーストフードなので、何はなくても豆腐屋さんに走ればさっと食事が調いました。

お揚げさんなど、揚げたてをもらってきてしょうが醤油で食べたらそれでOKなのですから、〝なくてはならぬ、生きてはいけぬ〟。そんな同志でもあったかと思います。そのご近所の豆腐屋さんが自分の家の味に直結するのですから、もはや家族同然です。

だからほかに有名な豆腐屋さんがあっても京都の人は、わざわざよそに買いに行くことはあまりしません。なじんだ味がおいしいのです。それに豆腐は鮮度が命。近所であることは大変重要なことなのです。本当によく

できたシステムと思います。

でも、今ではそんなお豆腐屋さんが1軒減り、2軒減り……。随分少なくなりました。

時代の流れですから仕方のないこと。それまで続けてきてくださったお豆腐屋さんには感謝しかありません。

でも、嬉しいことに私の家の近所の豆腐屋さんは、まだ頑張ってくださっています。たっぷりの井戸水に放たれた白いお豆腐は本当にきれいで、食べるとやっぱりパックのものとは違います。お豆腐だけでご馳走になるのですから本当に値打ちがあります。〝ああ幸せ〟と思いつつも、やはり忙しくてパック売りのものですませることも多いのが実情です。スーパーには、膨大な種類の豆腐があり、ひと口に木綿といっても柔らかいものや、しっかり硬いものまでいろいろで、皆さんお悩みになることも多いかと。

そこでこの本ではいろいろな豆腐を、状態がわかりやすいように、はじめに豆腐の性質について説明しました。それを参考にしていただいて、あとの豆腐料理作りを存分にお楽しみいただければと思います。

豆腐いろいろ

「木綿豆腐」と「絹ごし豆腐」が代表的な豆腐で、ほかに「おぼろ豆腐（寄せ豆腐）」、「焼き豆腐」などがあります。いずれも大豆を水に浸してすりつぶし、加熱して絞った豆乳を使い、その固め方や仕上げ方で違う食感や風味を生んでいます。

この本で使っているのは、木綿豆腐と絹ごし豆腐のほぼ2種類です。ただ、私が普段使っているのは「京とうふ」というお豆腐。「白とうふ」ともいう、京都では一般的な豆腐で、お店では京とうふ＝柔らかい木綿豆腐の感覚で売られています。大豆の甘みがしっかりあって、なめらかな口あたりで、木綿と絹ごしのいいとこ取りをしたような豆腐です。

隙間なくぴったりパックに詰まっている「充填（じゅうてん）豆腐」は、豆乳と凝固剤を型に入れて密封して加熱した豆腐で、消費期限が長いので常備するのに便利です。

焼き豆腐は木綿豆腐の表面を焼いたものですが、通常の木綿豆腐よりも表面がやや硬め。型崩れしにくく味がしみ込みやすいのが特徴です。

◆**絹ごし豆腐**

温かい豆乳と凝固剤を穴のない型箱に流し込んで撹拌し、そのまま固めたもの。木綿豆腐のような圧縮、脱水の工程がないため濃い豆乳を使い、成形される。柔らかく、なめらかな食感。

◆**京とうふ**

製造の工程は木綿豆腐とほぼ同じで、国産大豆や高濃度の豆乳、京都の軟水を使って大豆本来の旨みを引き出した豆腐。木綿豆腐のような味わいと絹ごし豆腐のようななめらかな食感。

◆**木綿豆腐**

温かい豆乳に凝固剤を入れて撹拌し、ある程度固まったら、布を敷いた穴あきの型箱に流し込み、重しをして、固めたもの。木綿の布の跡が残ることから「木綿豆腐」と呼ばれる。豆の旨みが感じられ、しっかりした食感。

◆**焼き豆腐**

木綿豆腐などの硬めの豆腐の表面をバーナーなどで焼いた加工豆腐のひとつ。

◆**充填豆腐**

冷たい豆乳と凝固剤を容器に流し込んで密封し、加熱して固めたもの。四角のほか、さまざまな形状のものがある。つるんとした口あたり。

豆腐本来の味を知るために、おぼろ豆腐を作ってみましょう

スーパーでも見かけるようになった「おぼろ豆腐」は、豆乳に凝固剤を加えて固まる途中の豆腐です。型箱の中で固めていないので、柔らかくて、口あたりがよく、ほかの豆腐のように水にさらしていないので大豆の味がしっかり感じられます。「寄せ豆腐」とも言い、ザルに盛りつけたものは「ざる豆腐」と呼ばれています。

家庭でも豆乳とにがりがあれば気軽に作れ、感動のおいしさです。まずは作りたての温かい状態をそのまま味わってみてください。大豆の甘みとふんわりとした口あたり、やさしい味にほっこり。白いご飯の炊きたてに似ていて、塩をつけると甘みがさらに増します。

材料（作りやすい分量）

豆乳[*1]…500ml

A
- にがり…小さじ1
- 湯[*2]…大さじ1

＊1 成分無調整・大豆固形分10％以上のもの

＊2 にがりの温度を上げるために湯で溶く。

おぼろ豆腐の作り方

1　豆乳を鍋に入れて弱めの中火にかける。

2　へらで混ぜながら70〜75℃で加熱する。

3　へらで混ぜながら渦を作り、A（湯で溶いたにがり）を回し入れる。

4　混ぜすぎると固まりにくいのですぐに渦をへらで止めて蓋をし、火を止める。

5　15〜20分おき、全体が固まって、お玉ですくえるようになったら完成。

6　厚手のペーパーを敷いたザルに上げて水気をきって「ざる豆腐」にしても。

豆腐料理は水きりが決め手

豆腐は水をとても多く含んでいるので、ほとんどの料理に水きりが必要です。どのくらい水気をきるかで、でき上がりが変わり、適切な水きりができていないと途中でどんどん水が出てきて味がぼやけてしまいます。

本書の材料表では、水きりの加減を3段階に分け、の数で表記しています。絹ごし豆腐、木綿豆腐を水きりする場合の目安にしていただき、作る料理やお好みで加減してみてください。

充填豆腐は水きり、加熱に向きませんので、そのまま使うもののみ絹ごし豆腐の代用になります。

1 水きり

表面の水気がとれ、中はみずみずしい状態。

*豆腐の風味やみずみずしさを味わいたい料理に。冷奴、湯豆腐、蒸し物など。

ペーパーを敷いたバットの上に豆腐をのせ、水気を軽くとる。

2 水きり

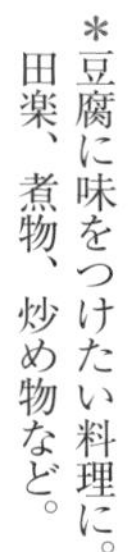

豆腐のかさが減り、
重しで側面が張り出した状態。

*豆腐に味をつけたい料理に。
田楽、煮物、炒め物など。

豆腐をペーパーで包んで重しをし、2/3の厚みになるまで30分ほどおく。重しは豆腐1丁(400g)に対して1kgほどにし、ペットボトルや保存容器に水を入れてのせるとよい。

3 水きり

豆腐のかさが半分くらいになり、
重しで側面が割れたり、
つぶれたりするほどの状態。

*豆腐に水気があると
扱いにくい料理に。
炒め物、揚げ物、和え物など。

豆腐をペーパーで2～3重に包んで重しをし、半分くらいの厚みになるまで30分以上おく。重しは豆腐1丁(400g)に対して2kgほど。

おいしさは、切り方や崩し方でも変わります

豆腐は料理に合わせた切り方や崩し方をすると違った食感やおいしさになります。

切る時は、まな板の上に置いて切ると安定し、形や厚み、大きさを揃えて切ることができます。

手で割ったりつぶしたりして形を変える時は、しっかり水きりした豆腐を使います。表面積が増えてざらっとするので味がしみやすくなり、つぶし方は食材や調理法に合わせて加減します。

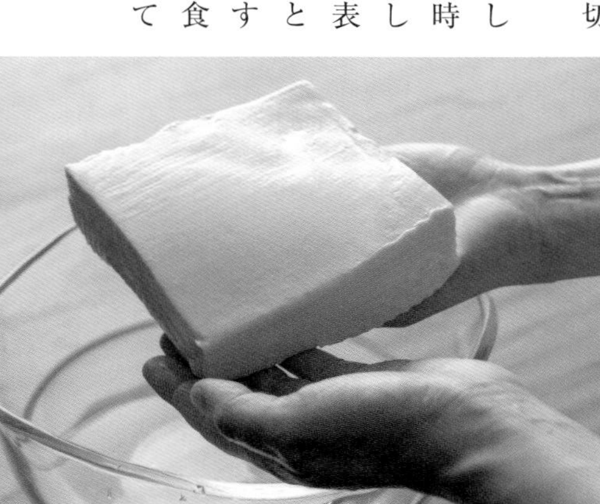

▼手で割る

豆腐を手でざっくり割って使うとダイナミックな食感に。

▼手でつぶす

豆腐を手でつかんで指先で好みの大きさにつぶす。大小があったほうが味に変化が生まれる。

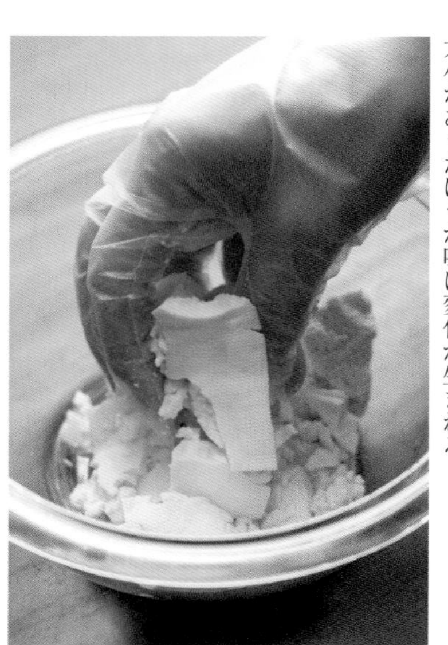

▼切り方いろいろ

切り方を変えるだけで食感や口あたりが変わる。うどんのように長く切るとそれなりにうどんを食べているような気分に。

▼マッシャーでつぶす

豆腐をマッシャーで押しながら均等につぶす。具材となじませたい飛龍頭（ひろうす）のような料理に。

▼ブレンダーでつぶす

ブレンダーやミキサーを使って、なめらかなクリーム状に。具材をまとめる和え衣やソースに。

漬けると豆腐の新境地に出合えます

お豆腐は時間が経つと旨みが流れ出してしまうので、なるべく早いうちに調整します。長く保存するのは難しい食材ですが、実は漬けることによって多少日持ちし、新たな味に出合えます。

例えば、塩漬けにすると余分な水分が出て、豆腐に弾力が生まれます。素の豆腐とは違ったおいしさがあり、くせがないのでいろいろな料理に使えます。オイル漬けはそのままでもアレンジしてもよく、オイルが表面になじむと豆腐がとてもなめらかになります。味噌漬けや醤油漬けは、時間が経つとどんどん味がしみてコクのある豆腐になり、糀漬け（豆腐よう）は珍味で、とっても深い味わいです。どれもそのままでおつまみとしていただけます。第一章で詳しくご紹介しているので、ぜひ作ってみてください。

長く保存をするのであれば凍り豆腐がおすすめです。新鮮なうちに豆腐どうしがくっつかないように冷凍庫に入れて凍らせ、使う分ずつ解凍するといつでも使えて便利です。水分を絞って使うので鶏むね肉のような独特の食感になります。

ここまでは、豆腐についてのちょっとしたレクチャー。あとは、作りながら、食べながら、お気に入りの料理を見つけ、好きな味を育てていくとよいと思います。

さぁ、いよいよ私の豆腐百珍のスタートです。

味噌漬け

オイル漬け

塩漬け

凍り豆腐

糀漬け（豆腐よう）

醤油漬け

第一章

生

まずは豆腐をそのまま、生のまま扱います。この章で使う豆腐は漬けておくもの以外は基本的に絹でも木綿でもご自由に変更していただいて大丈夫です。なめらかな味わいがお好きな方は絹を。しっかりしたのがお好みの方は木綿を。どちらもそれぞれの味わいがあります。水切りの段階だけ守ってください。

あとお豆腐の鮮度がよいほどおいしいお料理になるので、消費期限を見るより、こまめに買う。早く食べる。そんなことを心がけてください。

一

にらだれ豆腐　卵黄醤油漬けのせ

大豆の持つ旨みや甘みを楽しめる木綿豆腐は、濃厚なたれや薬味と好相性。醤油に漬けた卵黄をつぶしつつ、からめつつ、お楽しみください。

材料（2人分）
木綿豆腐💧…適量
卵黄…２個分
醤油…小さじ２
にらだれ
　にら（１cm幅に切る）…２本分
　醤油…大さじ１
　煮きりみりん*…大さじ１
　白ごま、粉唐辛子、ごま油…各少々

＊耐熱容器にみりんを入れて600Wの電子レンジで30秒ほど加熱したもの。

1　卵黄をおちょこなどの小さい器に１個ずつ入れ、醤油を小さじ１ずつ加え、冷蔵庫で３時間ほどおく。
2　にらだれの材料を保存容器に入れて混ぜ、30分以上おく。
3　豆腐を食べやすく切って器に盛り、真んなかをスプーンで少しくり抜いて１を１個ずつのせ、２を適量かける。

※卵黄は長く漬けおくと黄身が醤油に溶けるので３時間を目安に。

豆腐クリーム

絹ごし豆腐は
ブレンダーで混ぜるだけで
びっくりするほど甘く、
おいしくなります。
ぜひお試しを。

材料（2人分）
絹ごし豆腐…1/4丁（100g）
青ねぎ（小口切り）、おろししょうが、醤油…各適量

1 豆腐をブレンダー（あるいはフードプロセッサー）にかけてなめらかにする。
2 1を器に盛り、青ねぎとしょうがをのせ、醤油をかける。

三

カリカリじゃことみょうが奴

じゃこは、レンチンで手間なし。山椒もみょうがも山盛りがおいしい！

材料（2人分）
木綿豆腐…1/2丁（200g）
A| ちりめんじゃこ、ごま油…各大さじ1
みょうが…4本
醤油、粉山椒…各適量

1 耐熱容器にAを入れ、じゃこがカリカリになるように600Wの電子レンジに1分かける。
2 みょうがは薄切りにして水にさらし、水気をギュッと絞る。
3 半分に切った豆腐を器に盛り、2をたっぷりのせ、1を油ごとかけて醤油をたらし、粉山椒をふる。

四

海苔和え

和えたては
海苔がパリッと、
時間をおくとトロッと、
どちらも美味。

材料（2人分）
絹ごし豆腐 ⚬⚬…1/4丁（100g）
醤油…小さじ1
焼き海苔…1枚
わさび…少々

1 豆腐は1.5cm角に切ってボウルに入れ、醤油をからめ、手でちぎった海苔と和える。
2 器に盛り、わさびをのせる。

五

塩漬け豆腐のトマト盛り

塩漬けにすると旨み倍増。
オリーブオイルをかけて
モッツァレラチーズ風に。

材料（2人分）
木綿豆腐…1/4丁（100g）
塩…小さじ1/4
フルーツトマト…2個
オリーブオイル…少々

1 豆腐全体に塩をまぶしつけ、厚手のペーパーで包んで冷蔵庫でひと晩おく。
2 トマトは熱湯に10秒ほどくぐらせ、氷水にとり、皮をむいてヘタを切り落とす。トマトの中身をスプーンでくり抜き、食べやすい大きさに手で割った1を盛りつけ、オリーブオイルをかける。

※塩漬け豆腐は冷蔵で7日間保存可。

六 醤油漬け

漬けるほどに
醤油の味がまろやかに。

材料（作りやすい分量）
木綿豆腐…1/4丁（100g）
A| 醤油、水…各適量（各50ml程度）
粗挽き黒こしょう…少々

1 小さめの保存容器に豆腐を入れ、Aを加える。冷蔵庫にひと晩以上おく。
2 汁気をきって食べやすい大きさに切って好みの量を器に盛り、粗挽き黒こしょうをふる。

※豆腐が醤油に完全に漬かった状態にする。
※冷蔵で7日間保存可。

七 味噌漬け【味噌漬豆腐】

白味噌に漬けて味噌とともに。
麹の味が溢れます。

材料（作りやすい分量）
木綿豆腐…1/4丁（100g）
白味噌…大さじ2
木の芽…少々

1 ラップの上に白味噌を薄く広げ、真んなかに豆腐をのせる。味噌で包むようにラップを巻き、冷蔵庫でひと晩以上おく。
2 味噌ごと食べやすいように取って好みの量を器に盛り、木の芽をあしらう。

※冷蔵で7日間保存可。

材料（作りやすい分量）

木綿豆腐 …1/4 丁（100g）

A
- オリーブオイル…適量（100ml 程度）
- 塩…小さじ 1/4

B
- にんにく（薄切り）…3 枚
- 青じそ…1 枚
- たかのつめ…1 本

粗挽き黒こしょう…適宜

1 豆腐は 2cm 角に切る。

2 小さめの保存容器に A を入れて混ぜ、1 と B を加える。冷蔵庫でひと晩以上おく。

3 オイルをきって青じそ（分量外）を敷いた器に盛り、好みで粗挽き黒こしょうをふる。

※豆腐がオイルに完全に漬かった状態にする。

※冷蔵で 7 日間保存可。冷蔵保存しているとオイルがだんだん固まってくるので使う時には常温にもどすとよい。

材料（作りやすい分量）

木綿豆腐 …1/4 丁（100g）

A
- 米麹…大さじ 5
- 塩…小さじ 1
- 焼酎（甲類 20 度以上のもの）…100 ～ 150ml

1 豆腐は 2cm 角に切る。ペーパーを敷いた耐熱皿に豆腐をのせ、600W の電子レンジに 2 分かける。粗熱がとれたら、ペーパーをかえてもう一度電子レンジに 1 分かける（ラップはしない）。ザルにあけて重ならないように広げ、豆腐の表面が乾くまでおく。

2 1 を小さめの保存容器に入れ、A を加えて蓋をし、室温で 5 日以上おく。麹が溶けて、豆腐が柔らかくなってきたら食べ頃。器に盛り、あれば輪切りのたかのつめ（分量外）をあしらう。

※豆腐が漬け汁に完全に漬かった状態にする。

※涼しいところで 3 ヶ月保存可。

一〇

豆腐なます

ごまたっぷりのザクザク豆腐と甘ずっぱいなますが癖になるおいしさです。2〜3日はもつので多めに作って常備菜にしても。

材料（作りやすい分量）

木綿豆腐 💧💧💧 …1/4丁（100g）
大根…80g
にんじん…10g
絹さや…3枚
A｜すりごま…大さじ2
　｜淡口醤油、米酢、砂糖…各小さじ1

1 大根、にんじんは細切りにし、塩小さじ1/4（分量外）で揉んで5分おく。
2 絹さやは筋を取って熱湯でサッとゆで、水気をきって細切りにする。
3 ボウルに豆腐とAを入れ、泡立て器でよく混ぜる。水気を絞った1と2を加えて混ぜ合わせる。

氷豆腐【玲瓏(こおり)豆腐】

だしで固めて酢醤油をかけると
見た目も味わいも涼やかな一品に。

材料（8cm × 12cm ×深さ 4cm の小さめの流し缶 1 個分）
絹ごし豆腐…1/4 丁（100g）
だし*…300ml
粉寒天…2g
A｜塩…ひとつまみ
　｜淡口醤油…少々
酢醤油…適量（米酢と醤油を 1：1 の割合で合わせる）
溶きからし…少々
＊作り方は 6 ページ参照。

1 小鍋にだしと粉寒天を入れて混ぜながら中火にかける。沸いたら A を加え、1 分ほど煮て火を止める。
2 豆腐をスプーンで少しずつすくいながら流し缶に敷き入れ、1 をそっと流し入れて冷蔵庫で冷やし固める。
3 食べやすいサイズに切り分けて器に盛り、酢醤油をかけてからしをのせる。

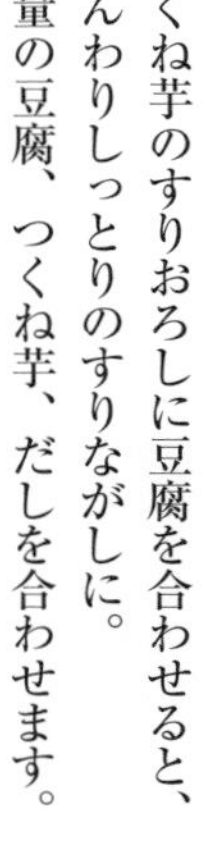

二

麦めし豆腐とろろ

つくね芋のすりおろしに豆腐を合わせると、
ふんわりしっとりのすりながしに。
同量の豆腐、つくね芋、だしを合わせます。

材料（2～3人分）
米…1合
押し麦…大さじ1
A
- 絹ごし豆腐…1/4丁（100g）
- つくね芋のすりおろし*…100g
- だし…100ml
- 淡口醤油…大さじ1

青のり…少々
＊長芋でもよい。

1 炊飯器に洗った米、押し麦、表示どおりの水を入れ、水を大さじ1（分量外）足して炊く。
2 Aをブレンダー（あるいはフードプロセッサー）にかけてなめらかにする。
3 茶碗に1をよそい、2をかけて青のりをのせる。

※泡立て器を使う場合は、豆腐を先によく混ぜてなめらかにしてから、他の材料を加えて混ぜる。

二三 豆腐のいなり

食べるとふんわり、
しっとりとしていて、
従来のいなり寿司より
やさしい味わいです。
すし飯2、豆腐1の割合を目安に。

材料（10個分）

すし揚げ…5枚

A | だし…100ml
　| 砂糖、淡口醤油…各大さじ2

すし酢

　米酢…大さじ2
　砂糖…大さじ1と1/2
　塩…小さじ1/2

温かいご飯…1合分（300g）

絹ごし豆腐…1/4丁（100g）

白ごま…小さじ2

ゆで三つ葉、紅しょうがのせん切り…各適宜

1 すし揚げは開けやすいように麺棒でしごいてから熱湯で1分ゆで、ザルに上げ、水気をきっておく。

2 すし酢の材料を合わせておく。

3 鍋にAを入れて沸かし、1のすし揚げを加えて落とし蓋をし、強めの弱火で15分煮る。火を止めてそのまま冷まし、半分に切る。

4 ボウルにご飯を入れ、2のすし酢をかけて混ぜる。豆腐を手で崩しながら入れ、白ごまを加えてよく混ぜ合わせ、粗熱をとる。

5 3の切り口を開き、4を詰める。あれば三つ葉で結んで器に盛り、好みで紅しょうがを添える。

季節の白和え

一五 夏の白和え

ミニトマト

一四 春の白和え

菜の花・たけのこ

＊作り方は34ページ参照。

一六 秋の白和え

さつまいも・りんご・栗

一七 冬の白和え

大根・せりり・金柑

＊作り方は34ページ参照。

基本の和え衣

材料（2人分）

絹ごし豆腐 …1/4 丁(100g)
練りごま（白）、砂糖…各大さじ 1/2
塩…小さじ 1/4

材料をブレンダー（あるいはフードプロセッサー）にかけてなめらかにする。

※泡立て器を使う場合は、豆腐を先によく混ぜてなめらかにしてから、他の材料を加えて混ぜる。

春

材料（2人分）

和え衣…全量
菜の花…6 株（40g）
ゆでたけのこ（小）…1/2 本（40g）

1 菜の花は熱湯でゆでて水にさらし、水気をギュッと絞って淡口醤油小さじ 1/2（分量外）をまぶしておく。たけのこは 1 cm 幅ほどのくし切りにし、淡口醤油小さじ 1/2（分量外）をまぶしておく。
2 1 を器に盛り、和え衣をかける。

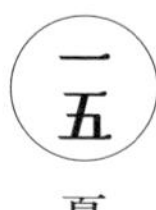

夏

材料（2人分）

和え衣…全量
ミニトマト（赤・黄・緑を使用）
…10 個

1 トマトは熱湯に 10 秒ほどくぐらせ、氷水にとり、皮をむく。
2 1 を器に盛り、和え衣をかける。

秋

材料（2人分）

和え衣…全量
さつまいも…60g
A ｜塩…ひとつまみ
　 ｜はちみつ…大さじ 1
りんご…1/8 個（40g）
甘栗…50g

1 さつまいもは皮付きのまま 1 cm 幅の輪切りにし、小鍋にかぶるくらいの水と A を入れて中火にかける。竹串がスッと通るまで煮たら火を止めてそのまま冷まし、和える直前に水気をきる。りんごは皮付きのまま薄切りにする。甘栗は大きければ手でほぐしておく。
2 ボウルに 1 と和え衣を入れてよく和え、器に盛り、好みで黒ごま(分量外)をふる。

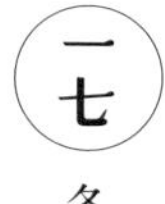

冬

材料（2人分）

和え衣…全量
大根…60g
塩…ふたつまみ
せり…1 ～ 2 本
金柑…1 個

1 大根は皮をむいて細切りにし、塩をふって 10 分ほどおき、水気を絞る。せりは 1 cm 幅のザク切りにし、金柑は薄切りにする。
2 ボウルに 1 と和え衣を入れてよく和え、器に盛り、あれば金柑の薄切り（分量外）をあしらう。

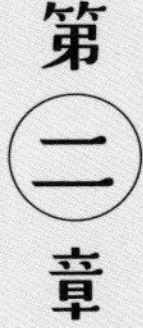

焼

豆腐には「焼き豆腐」というものがありますが、買った焼き豆腐は表面をバーナーで炙って焼き目をつけたあと、また水に入れてしまうので香ばしさがなくなります。この章では自宅で焼く、焼き豆腐を展開します。とはいっても、グリルで焼く。オイルで焼く。ただそれだけですが、買ったものとは別物。香ばしさとはかくも愛おしいものなのかと。焼き豆腐は木綿で、水きりもきちんとお願いします。お時間あればすき焼きの時も豆腐をグリルで焼いてお使いになると格段においしくなります。

一八

塩焼き豆腐【焼豆腐】

市販の焼き豆腐は、ガスバーナーで表面に焼き色をつけたものですが、これは塩をふってグリル焼きに。香ばしくて、旨みがあり、癖になるおいしさです。お好みでごま油をかけても。

材料（2人分）
木綿豆腐 💧💧…1/2丁（200g）
塩…小さじ1/2
青ねぎ（小口切り）、しょうが（せん切り）…各適量

1 豆腐は半分に切って全体に塩をふり、アルミホイルにのせ、強火のグリルで5～6分焼く。
2 豆腐がこんがりと焼けたら器に盛り、青ねぎとしょうがをたっぷりのせる。

※オーブントースターの場合は250℃で7～8分焼く。

一九

焼き豆腐塩うに海苔巻き

焼いた豆腐に塩うにをトッピング。
炙った海苔で巻いて日本酒をちびり。

材料（2人分）
木綿豆腐、塩うに（粒うに）…各適量
焼き海苔…1～2枚

1 豆腐は食べやすい大きさに切る。
2 焼き海苔は1を巻きやすい大きさに切る。
3 1をアルミホイルにのせ、強火のグリルで5～6分焼く。
4 豆腐がこんがりと焼けたら器に盛り、塩うにをのせ、2で巻いていただく。

※オーブントースターの場合は250℃で7～8分焼く。

二〇

焼きおにぎり豆腐

ご飯に豆腐を揉み込んで作った焼きおにぎり。ごま油とかつお節でご飯の旨みが増し、病みつきのおいしさになります。

材料（2人分・小4個）
木綿豆腐 💧💧…1/8丁（50g）
温かいご飯…1膳分（150g）
A 醤油…小さじ2
みりん…小さじ1
かつお節…1パック（約3g）
ごま油…少々
粉唐辛子…少々

1 ポリ袋にご飯、豆腐、Aを入れ、袋の上から手でよく揉む。ご飯が半分くらいつぶれて豆腐となじんだら取り出し、小さめのおにぎりを作る。
2 1をアルミホイルにのせ、強火のグリルで5〜6分焼く。
3 表面がこんがりと焼けたら器に盛り、粉唐辛子をふる。

※オーブントースターの場合は250℃で7〜8分焼く。

グリル焼き豆腐

二 鴨味噌田楽

いわゆる鴨の味噌ミンチです。

三 梅芥子田楽【浅茅田楽】

梅と芥子の実が爽やかな一品です。

＊作り方は42ページ参照。

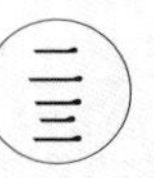

餅田楽

【繭(まゆ)田楽】

しゃぶしゃぶ用の餅と
豆腐の食感の違いが楽しい。

二四

桜海老田楽

【鶏卵(たまご)田楽】

卵黄のコクと桜海老の香ばしさがご馳走に。

＊作り方は42ページ参照。

基本のグリル焼き豆腐

材料（8串分）

木綿豆腐…1/2丁(200g)
淡口醤油…適量

1　豆腐は8等分に切り、刷毛で淡口醤油を塗る。
2　1をアルミホイルにのせ、中火のグリルで5〜6分こんがりと焼く。

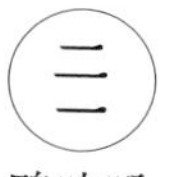

鴨味噌

材料（4串分）

グリル焼き豆腐…4枚
合鴨もも肉*…40g
実山椒（水煮）…小さじ1
A｜みりん、白味噌…各大さじ2
白ねぎ（小口切り）…適宜
＊鶏もも肉でもよい。

1　鴨肉は包丁できざんで、ミンチ状にする。
2　Aを合わせておく。
3　フライパンに1を入れて中火で炒める。白くなってきたら実山椒と2を加えて全体にからめ、弱火で2分ほど煮詰めて火を止める。
4　焼き豆腐に3を等分に塗ってアルミホイルにのせ、強火のグリルで2〜3分焼く。串に刺して器に盛り、あれば白ねぎを添える。

梅芥子

材料（4串分）

グリル焼き豆腐…4枚
A｜練り梅…小さじ2
　｜砂糖…小さじ1
けしの実*…適量
＊白ごまでもよい。

1　Aを混ぜ合わせる。
2　焼き豆腐に1を等分に塗ってアルミホイルにのせ、けしの実をふり、強火のグリルで2〜3分焼く。串に刺して器に盛る。

餅

材料（4串分）

グリル焼き豆腐…4枚
A｜味噌…大さじ1
　｜砂糖、みりん…各大さじ1/2
餅（しゃぶしゃぶ用）…4枚

1　Aを混ぜ合わせる。
2　焼き豆腐に1を等分に塗ってアルミホイルにのせ、強火のグリルで2〜3分焼く。餅はグリルの網に直接のせ、様子を見ながら焼く。豆腐を串に刺して器に盛り、餅を上にのせる。

桜海老

材料（4串分）

グリル焼き豆腐…4枚
A｜卵黄…1個
　｜淡口醤油…小さじ1/2
桜海老…適量
青のり…少々

1　Aを混ぜ合わせる。
2　焼き豆腐に1を等分に塗ってアルミホイルにのせ、桜海老をふって強火のグリルで2〜3分焼く。串に刺して器に盛り、青のりをふる。

※オーブントースターの場合は4種類とも200〜250℃で焼く。

田楽四種

オイル焼き豆腐

二五 蓑田楽

【蓑田楽】

蓑に見立てたかつお節をたっぷりかけて。

二六 木の芽味噌田楽

【木の芽田楽】

こんがり焼けた白味噌に木の芽の香りがたまらない。

二七 塩麹田楽

塩麹の旨みをしょうががさらに引き立てます。

二八 唐辛子味噌田楽

【交趾田楽】

ごま油でコク出しした田楽。

*作り方は44ページ参照。

基本のオイル焼き豆腐

材料（8串分）

木綿豆腐…1/2丁（200g）
塩…少々
薄力粉、太白ごま油（サラダ油でもよい）…各適量

1 豆腐は8等分に切って塩を全体にふり、薄力粉を薄くまぶしつける。

2 フライパンに太白ごま油を入れて中火にかけ、1を入れて両面をこんがりと焼く。

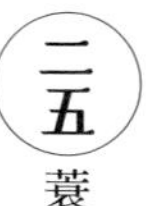

蓑

材料（4串分）

オイル焼き豆腐…4枚
A｜味噌…大さじ1
　｜砂糖、みりん …各大さじ1/2
かつお節…適量

1 Aを混ぜ合わせる。

2 焼き豆腐に1を等分に塗ってアルミホイルにのせ、強火のグリルで2～3分焼く。串に刺して器に盛り、かつお節をかける。

木の芽

材料（4串分）

オイル焼き豆腐…4枚
木の芽味噌
｜木の芽…5g
｜白味噌…大さじ2

1 木の芽味噌を作る。木の芽は包丁でたたいてみじん切りにし、白味噌に混ぜ合わせる。

2 焼き豆腐に1を等分に塗ってアルミホイルにのせ、強火のグリルで2～3分焼く。串に刺して器に盛り、あれば木の芽（分量外）をあしらう。

塩麹

材料（4串分）

オイル焼き豆腐…4枚
A｜塩麹…大さじ2
　｜砂糖…大さじ1
おろししょうが…少々

1 Aを混ぜ合わせる。

2 焼き豆腐に1を等分に塗ってアルミホイルにのせ、強火のグリルで2～3分焼く。串に刺して器に盛り、しょうがをのせる。

唐辛子

材料（4串分）

オイル焼き豆腐…4枚
A｜味噌…大さじ1
　｜砂糖、みりん…各大さじ1/2
　｜ごま油…少々
粉唐辛子…少々

1 Aを混ぜ合わせる。

2 焼き豆腐に1を等分に塗ってアルミホイルにのせ、強火のグリルで2～3分焼く。串に刺して器に盛り、粉唐辛子をふる。

※オーブントースターの場合は4種類とも200~250℃で焼く。

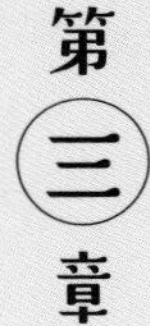
第三章

溫

こちらは温かい豆腐料理ばかりを集めました。汁ごと食べられるものでも、おかず的なものはこちらの章に入れています。ゆでるもの、だしで煮るものは基本的に絹。炒りつけるもの、形が残ってほしいものは木綿をしっかり水きりして。炒りつけたものはそのままにすると豆腐から水分が出てきてぼんやりしたお味になってしまいます。

ほとんどのものは作りたてが一番おいしいので、ぜひ、出来たてを召し上がってください。

二九 葛湯奴（くずゆやっこ）【湯やっこ】

葛湯の中で温めると豆腐がなめらかで滋味深くなり、おつな一品に。だし醤油も一緒に温め、葛湯とともにいただいてもおいしいです。

材料（2人分）
絹ごし豆腐…適量
水…500ml
葛粉…10g＊
A｜醤油、水…各大さじ2
　｜かつお節…1パック（約3g）
薬味
｜大根おろし、青ねぎ（小口切り）…各適量
｜粉唐辛子…少々
＊片栗粉大さじ1/2程度で代用してもよい。

1 豆腐は食べやすい大きさに切る。
2 鍋に分量の水と葛粉を入れて混ぜ溶かし、中火にかける。へらで混ぜながら沸かしとろみをつける。
3 だし醤油を作る。耐熱容器にAを入れ、600Wの電子レンジに90秒かけて漉し、土鍋に入る大きさの耐熱容器に移す。
4 2を土鍋に移し、真ん中に3を容器ごと入れ置き、まわりに1の豆腐を並べ、中火にかける。全体がふんわりと温まったら、薬味をのせた取り皿に豆腐をよそい、だし醤油をかけていただく。

三〇

巾着豆腐【よせ豆腐】

作りたてのおぼろ豆腐を
そのまま閉じ込めた寄せ豆腐は、
フルフルで上品な味わい。
包みを開いた時の
豆腐の香りがたまりません。

材料（作りやすい分量）
おぼろ豆腐…適量＊1
だし醤油…適量＊2
わさび…少々
＊1 作り方は12～13ページ参照。
＊2 作り方は47ページ参照。

1 おぼろ豆腐をオーブンシートに網じゃくしですくい入れ、形を整えながら包み、オーブンシートの口を輪ゴムで縛る。
2 鍋に熱湯を沸かし、1をそっと入れて火を弱め、2～3分ゆらゆらと煮る。
3 2をオーブンシートごと取り出して器に盛り、輪ゴムをほどいてわさびをのせ、だし醤油をかける。

三二

から炒り豆腐【あらかね豆腐】

豆腐をシンプルに炒りつけた一品です。
油もなし、調味料も最小限なのに
おいしいなんて罪です。
コツは手早く作ってさっさと食べること。
それにつきます。

材料（2人分）
木綿豆腐…1/2丁（200g）
A｜酒、醤油…各大さじ1
　｜粉かつお…小さじ1/2
実山椒（水煮）…大さじ1

1 フライパンに豆腐を手で割り入れて強火にかけ、へらで混ぜながら炒る（焦げたところもへらでこそげながら炒る）。
2 豆腐の水気が飛んだら、Aを加えて全体にからめ、実山椒を加えてさっと混ぜて火を止める。

三二

かやく豆腐【糟(かす)入り豆腐】

鯛と鶏肉という豪華な組み合わせが、意外なほどよく合います。

材料（2人分）
木綿豆腐 💧💧💧…1/2丁（200g）
鯛（切り身）…1切れ（100g）
鶏もも肉 …100g
甘栗 …60g
きくらげ（乾燥）…1～2g
えんどう豆… 20g
だし…100ml
淡口醤油…小さじ2

1 きくらげは水でもどし、硬いところを切り落として細切りにする。鯛は骨があれば切り落とし、小さめのひと口大に切る。鶏肉は1cm幅のそぎ切りにする。甘栗は大きければ手でほぐしておく。
2 フライパンにだしとえんどう豆を入れて中火にかける。沸いたら淡口醤油半量と1のきくらげ、鯛、鶏を加え、鶏に火が通るまで炒ってボウルにあける。
3 あけたそのままのフライパンに豆腐を手でつぶしながら入れて中火にかけ、残りの淡口醤油と2の煮汁を加え混ぜながら煮詰める。汁気がほとんどなくなってきたら2の具材も加え、豆腐にからめて火を止める。

醤油煮【押し豆腐】

酒と醤油で炊いただけのシンプルなレシピです。
さっと煮てすぐ食べる。即美味。

材料（2人分）

木綿豆腐💧…1/2丁（200g）

A | 酒、醤油…各大さじ2
  | 水…100ml

白ねぎ（小口切り）、粉唐辛子、溶きがらし…各少々

1 鍋に豆腐とAを入れて中火にかける。鍋を時々回しながら煮汁が豆腐全体にかかるように煮る。沸いたら火を弱め、5分ほど煮て豆腐が温まったら完成。

2 食べやすい大きさに切って器に盛り、白ねぎをのせて粉唐辛子をふり、からしを添える。

※醤油辛くなるので残ったら煮汁から上げる。

三四

パルミジャーノ白味噌煮【なじみ豆腐】

パルミジャーノチーズが
醸し出すとろみと旨みは
昆布だしに優る味わいです。

材料（2人分）

絹ごし豆腐…1/4丁（100g）
白味噌…70g
パルミジャーノレッジャーノ…5g
水…100ml
柚子の皮（みじん切り）…少々

1 豆腐は厚みを半分に切る。
2 ボウルに白味噌を入れ、すりおろしたチーズと分量の水を加えて泡立て器でよく混ぜる。
3 フライパンに1と2を入れ、中火にかける。沸いてきたら火を弱め、フライパンを揺すりながら煮汁がとろっとするまで3分ほど煮詰める。器に盛り、柚子をあしらう。

三五

うどん豆腐 焼き鴨添え

【真のうどん豆腐】

うどんのようにつるつるとはいきませんが、妙に嬉しいビジュアルと食感に心が満たされます。

材料（2人分）

絹ごし豆腐 💧💧…1丁(400g)
つけつゆ
　だし…120ml
　醤油、酒…各30ml
合鴨ロース肉…100g
塩、こしょう…各少々
粉山椒…適宜
薬味
　白ねぎ（小口切り）、焼き海苔（手で細かくちぎったもの）、おろししょうが、すりごま、粉唐辛子…各少々

1　豆腐は長細く切る。
2　鍋に熱湯を沸かして塩ひとつまみ（分量外）を入れ、1をそっと加えて火を弱め2〜3分ゆらゆらと煮る。
3　小鍋につけつゆの材料を入れて中火にかけ、ひと煮立ちしたら火を止める。
4　鴨肉はスライスして塩、こしょうをふる。フライパンに入れて中火で焼き、両面をこんがり焼いて火が通ったら火を止める。粉山椒をふりかけ、薬味とともに器に盛る。
5　2を器にお湯ごと盛り、3のつゆにつけて4とともにいただく。

三十六

豆腐の卵とじ【小竹葉(おざさ)豆腐】

絹ごし豆腐を少し甘めに煮て
卵とじにしました。
揚げ玉を加えるとふんわり仕上がります。

材料（2人分）

絹ごし豆腐…1/2丁（200g）
三つ葉（3cm長さのザク切り）…1/3束分
A　だし…60ml
　　醤油、みりん…各10ml
揚げ玉（天かす）…大さじ2
卵…1個
粉山椒…少々

1　フライパンにAを入れて中火にかける。沸いたら豆腐を手で割り入れる。

2　フライパンを時々揺すりながら、豆腐が醤油色になって煮汁がほぼなくなるまで煮詰める。揚げ玉を加え、溶いた卵を回し入れ、三つ葉を加えて箸でさっと混ぜ、すぐに火を止めて卵を半熟に仕上げる。器に盛り、粉山椒をふる。

三七

穴子豆腐

穴子の頭と尾っぽをコクだしに。
ポイントは穴子を煮すぎないこと。
さっと温める程度にします。

材料（2人分）
絹ごし豆腐 💧💧…1/2丁（200g）
焼き穴子…1本
A｜だし…200ml
　｜淡口醤油…大さじ1/2
青ねぎ（1cm幅の斜め切り）…1本分
柚子こしょう…適宜

1　豆腐は半分に切る。穴子は頭と尾を切り落とし、身を4等分に切る。
2　小鍋に1の豆腐と穴子の頭と尾、Aを入れて中火にかける。沸いたら頭と尾を取り出し、1の穴子の身と青ねぎを加えて1分ほどコトコトと煮る。お椀によそい、あれば柚子こしょうをのせる。

※穴子の頭と尾は硬いので切り落とすが、だしがよく出るので最初だけ煮汁に加える。

いか豆腐

ほたるいかで作りましたが、どんないかでも。
いかは硬くなるので、出来上がり30秒前に
入れてさっと炊きます。

材料（2人分）
木綿豆腐…1/2丁（200g）
ほたるいか（ボイル）…10杯
A｜砂糖、酒、醤油…各大さじ1
　｜しょうが（薄切り）…5g
木の芽…適宜

1 ほたるいかは目とくちばしを取り除き、軟骨（背骨）も取り除いておく。水気がある場合はペーパーを敷いたバットにのせて水気をとる。
2 豆腐は12等分に切る。
3 小さめのフライパンにAを入れて中火にかけ、沸いたら2を加える。崩さないように気をつけながら豆腐の上下を時々返し、豆腐が醤油色になるまで1～2分煮る。1のほたるいかを加えて30秒ほどからめながら煮る。器に盛り、あれば木の芽を飾る。

三九

ぶりしゃぶ豆腐

豆腐とぶりをさっと煮ただけ。
レタスのシャキシャキとした食感が
脂ののるぶりによく合います。

材料（2人分）

絹ごし豆腐💧…1/2丁（200g）
ぶり（しゃぶしゃぶ用の薄切り）、レタス…各適量
水…800ml
昆布（5cm四方のもの）…1枚
薬味
　大根おろし、青ねぎ（小口切り）、すだち、
　粉唐辛子…各適量
ポン酢醤油…適量

1. 豆腐と昆布は半分に切る。レタスは食べやすい大きさに手でちぎる。
2. 鍋に分量の水と1の豆腐と昆布を入れて中火にかける。ゆらゆらと沸いてきたら豆腐と昆布を取り出し、器に盛りつける。
3. 続けて1のレタスとぶりをさっと煮て、2に盛り合わせ、汁をはる。ポン酢醤油と好みの薬味とともにいただく。

鯛豆腐

だしは使わず、鯛の旨みをしっかり含ませました。

材料（1人分）
絹ごし豆腐💧…1/4丁（100g）
鯛（切り身）…1切れ（100g）
塩…少々
A｜酒、水…各50ml
　｜淡口醤油…小さじ1
白ねぎ…1/4本
しょうが（せん切り）…少々

1 豆腐は半分に切る。鯛は塩をふって10分以上おき、出てきた水気を拭き取る。白ねぎは直火であぶり、3cmの長さに切る。
2 土鍋にAと1をすべて入れて中火にかけ、蓋をする。沸いたら火を止め、仕上げにしょうがをあしらう。

※白ねぎはグリルかフライパンで焼いてもよい。
※普通の鍋で作る時は沸いてから鯛に火が通るまで2分ほど煮るとよい。

四一

いわし豆腐

新鮮ないわしから出るだしの旨みを堪能できます。

材料（2人分）
絹ごし豆腐…1/2丁（200g）
いわし（頭と内臓を落としたもの）…3尾
塩…小さじ1/4
チンゲン菜…1株（100g）
A｜水…250ml
　｜酒…大さじ2
淡口醤油…大さじ1
おろししょうが…少々

1　いわしは手開きにして三枚におろした状態にする。皮をむき両面に塩をふって冷蔵庫で10分以上おき、出てきた水気をペーパーで拭く。
2　豆腐は4等分に切る。
3　チンゲン菜は茎と葉に切り分け、茎は8等分のくし形切りにする。
4　鍋にAを入れて中火にかける。沸いたら1を入れて淡口醤油を加え、2と3の茎も入れる。いわしに火が通り、チンゲン菜の茎が柔らかくなったら葉も加える。葉がしんなりとしたら火を止めて器に盛り、しょうがをのせる。

材料（2人分）
絹ごし豆腐…1/4丁（100g）
木の芽味噌
- 木の芽…5g
- 白味噌…大さじ2

長芋…100g
柚子の皮…適宜

1. 豆腐は半分の厚さに切る。
2. 長芋は皮をむいてラップに包み、600Wの電子レンジに3分かけて火を通す。粗熱がとれたらザルで裏ごししてきんとん状にする。
3. 木の芽は包丁でたたいてみじん切りにし、白味噌に混ぜ合わせる。
4. 熱湯を沸かした小鍋に1を入れて2分ほど温める。
5. 水気をきった4を器に盛り、3を塗り、2をのせ、あれば柚子の皮をあしらう。

四二

初雪豆腐

【瞿麦（なでしこ）豆腐】

手をかける価値がある
やさしい味、
長芋の食感に癒やされます。

夫婦(めおと)煮二種

四三 夫婦煮 厚揚げ・焼き豆腐

しっかりした厚揚げと焼き豆腐は甘辛味がよく合います。

材料（2人分）
木綿豆腐*…1/2丁（200g）
厚揚げ…2個（140g）
酒、醤油…各大さじ1と1/2
砂糖…大さじ1
かつお節・粉山椒…各適量
＊市販の焼き豆腐で作ってもよい。

1 豆腐は半分に切ってアルミホイルにのせ、グリルで5～6分強火で焼く。
2 厚揚げは三角形になるように半分に切る。
3 フライパンに1と2を入れて酒、砂糖、醤油を回し入れ、中火にかける。箸で上下を時々返し、豆腐が醤油色になって煮汁がほぼなくなるまで煮詰める。器に盛り、かつお節をかけて粉山椒をふる。

四四 夫婦煮 油揚げ・絹ごし豆腐

やさしい口あたりの絹ごしは薄味のだしで。

材料（2人分）
絹ごし豆腐…1/2丁（200g）
油揚げ…1/2枚（80～100g）
だし…300ml
淡口醤油…大さじ1
青ねぎ（小口切り）、おろししょうが…各適量

1 豆腐は半分に切る。油揚げは8等分に切る。
2 鍋にだしと1の豆腐を入れて中火にかける。沸いたら淡口醤油と1の油揚げを加え、5分ほど煮含める。器に盛り、青ねぎとしょうがをあしらう。

しき味噌二種

【敷き味噌豆腐】

四五 白しき味噌

おぼろ豆腐・白味噌

四六 赤しき味噌

木綿豆腐・鶏味噌

材料（2人分）

木綿豆腐…1/2丁（200g）

A
- 鶏ももひき肉…50g
- 赤味噌、みりん…各大さじ2
- 砂糖…大さじ1
- おろししょうが…小さじ1/2
- ごま油…少々

粉山椒…小さじ1/8
たかのつめ（輪切り）…適宜

1 豆腐は半分に切る。

2 フライパンにAを入れてへらで練り、味噌がなじんだら中火にかける。へらで混ぜながら炒め、鶏肉に火が通ったら粉山椒を加えてよく混ぜ、火を止める。

3 器に2を敷き入れて600Wで90秒ほど温めた1をのせ、あれば、たかのつめを飾る。

材料（2人分）

おぼろ豆腐…適量*
A｜白味噌、みりん…各大さじ2
柚子果汁…小さじ1
柚子の皮…適宜
*作り方は12～13ページ参照。市販のおぼろ豆腐でもよい。

1 フライパンにAを入れてへらで練り、弱火にかけて1～2分煮詰め、柚子果汁を加えて混ぜ、火を止める。

2 器に1を敷き入れて600Wで60秒ほど温めたおぼろ豆腐をのせ、あれば柚子の皮をあしらう。

四七

炒り豆腐

ご飯に合う普段のおかずです。
何気ないのに本当においしい。

材料（2人分）
木綿豆腐 …1/2丁（200g）
鶏もも肉…60g
にんじん…30g
干ししいたけ…1枚
さやいんげん…6本
ごま油…小さじ1
A｜干ししいたけのもどし汁…50ml
　｜みりん、淡口醤油…各大さじ1
こしょう…少々

1 にんじんは細切りにする。水でもどしたしいたけは薄切りにし、もどし汁はとっておく。さやいんげんは2cm幅の斜め切りにする。鶏肉は1cm角程度に切る。
2 フライパンにごま油と1を入れて中火で炒める。鶏肉が白くなったら、豆腐を手で崩しながら入れ、Aを加え、時々混ぜながら煮汁がほとんどなくなるまで煮詰める。器に盛りつけ、こしょうをふる。

四八

引きずり豆腐

【引きずり豆腐】

蓋を開けたら豆腐だけ？
と思いきや、
実は蓋の裏に薬味あり！
薬味に豆腐を引きずり出して
食べるという洒落た一品。

材料（2人分）

絹ごし豆腐💧…1/2丁（200g）
梅干し（塩分10％程度のもの）…1個
A｜粉かつお…小さじ1
　｜砂糖…小さじ1/2
葛粉＊…5g
＊片栗粉小さじ1程度でもよい。

1 豆腐は半分に切る。
2 梅びしおを作る。種を取った梅の実を包丁でたたいてなめらかにし、Aを混ぜて器の蓋の内側に塗る。
3 鍋に水250mlと葛粉を入れて混ぜ溶かし、中火にかける。へらで混ぜながら沸かし、とろみをつける。1を加えて2分ほど煮て豆腐を温める。
4 煮汁ごと器に盛り、豆腐を2につけながらいただく。

四九

はさみ豆腐

やさしい小籠包のような味わい。
常温まで一旦冷ますと
豆腐に味がしみて
よりおいしくなります。

材料（2人分）

木綿豆腐💧💧💧…1/2丁（200g）

A
- 鶏ももひき肉…80g
- 白ねぎ（みじん切り）… 大さじ1
- 片栗粉…小さじ1
- 塩…ひとつまみ
- しょうが（みじん切り）、ごま油…各少々

B
- だし…300ml
- 淡口醤油…大さじ1

細ねぎ（小口切り）…少々

1. 豆腐は厚みが半分になるように切り込みを入れる。
2. ボウルにAを入れてよく練り、1の切り込みにはさむ。
3. 小鍋に2とBを入れて中火にかける。煮汁は豆腐の8割以上が隠れるまで入れる。沸いたら弱火にして5分ほど煮る。
4. 食べやすい大きさに切って器に盛り、細ねぎを散らす。

五〇

和え混ぜ　黄身酢がけ

黄身酢を添えた、温かい豆腐サラダです。
豆腐と野菜を和えながら
召し上がってください。

材料（2人分）

絹ごし豆腐💧…1/4丁（100g）
じゃがいも（メークイン）…1個
にんじん…40g
きゅうり…1/2本
太白ごま油
（サラダ油でもよい）…小さじ1
黄身酢
卵黄…1個分
米酢、みりん…各小さじ2
塩…ひとつまみ
溶きからし…少々

1 じゃがいもは皮をむいてスライサーで薄切りにし、細く切って水にさらす。にんじんときゅうりもスライサーで薄切りにし、細く切っておく。

2 黄身酢を作る。材料を耐熱容器に入れ泡立て器で混ぜる。600Wの電子レンジに15秒かけて混ぜ、もう一度電子レンジに15秒かけて混ぜておく（ラップはしない）。

3 熱湯を沸かした小鍋に半分に切った豆腐を入れて2分ほど温める。

4 フライパンに太白ごま油を入れて中火にかけ、1のにんじんを入れて炒め、塩ふたつまみ（分量外）で味を調えしんなりとしたら取り出す。水気をきった1のじゃがいもも同様に炒める。

5 器に1のきゅうり、水気をきった3、4を盛り合わせ、2の黄身酢をかける。

五一

ふわふわ豆腐【ふわふわ豆腐】

豆腐と卵をあわせ、ふんわりと煮た口あたりのやさしい料理です。

材料（2人分）
絹ごし豆腐💧💧…1/4丁（100g）
卵…1個
塩…ひとつまみ
だし…200ml
淡口醤油…小さじ2
貝割大根の葉、
　粗挽き黒こしょう…各適宜

1 卵と塩をボウルに入れ、ブレンダー（あるいはフードプロセッサー）にかける。卵が白っぽくなってきたら豆腐を加え、さらにブレンダーにかけてなめらかにする。

2 小さめのフライパンにだしを入れて中火にかけ、沸いたら淡口醤油を加え、1を入れて蓋をして弱火で1分煮て火を止め、そのまま余熱で卵に火を通す。お玉ですくって器に盛り、あれば貝割大根をあしらい、好みで粗挽き黒こしょうをふる。

※泡立て器を使う場合は、豆腐を先によく混ぜてなめらかにしてから、他の材料を加えてよく混ぜる。

五二

みぞれ煮丼

私の定番。何もなくても
さっと作れて、みんなに
喜ばれるお料理です。
おろしを入れてから
もう一度味をみて
加減してください。

材料（2人分）

絹ごし豆腐💧…1/2丁（200g）
大根…100g
だし…300ml
淡口醤油…大さじ1
塩…ひとつまみ
水溶き片栗粉
　|片栗粉、水…各大さじ1と1/2
温かいご飯…2膳分
昆布の佃煮、粉唐辛子…各適宜

1 大根は皮をむいてすりおろし、ザルに上げて水気を自然にきっておく。
2 鍋にだしを入れて沸かし、淡口醤油と塩を加え、2cm角に切った豆腐を入れる。煮立ったら、水溶き片栗粉でとろみをつけ、1を加えて混ぜる。
3 お椀に温かいご飯をよそい、2をたっぷりとかける。あれば昆布の佃煮を添え、粉唐辛子をふる。

第四章

蒸

蒸し物は皆さん少しハードルが高いと思われるかもしれませんが、蒸し器で蒸すと素材がふんわり仕上がって、やはり格別のおいしさです。素材同士が仲良くなる。そんな感じがします。ふるふるとした柔らかさは豆腐の持ち味ですが、どうしても蒸し器が無理な方は電子レンジでもできます。電子レンジ対応の器で少しずつ様子を見ながら。いきすぎないように注意です。でも夏はともかく、冬の蒸し物はやっぱりそれだけでご馳走なので、たまにはトライしてみてくださいね。

五三 金目鯛昆布蒸し

ハードルが高い昆布蒸しを、昆布の佃煮で手軽に味つけいらずに仕上げました。電子レンジで加熱するならラップをふんわりかけて3分ほど。とっても手軽に作れます。

材料（2人分）
絹ごし豆腐💧…1/2丁（200g）
金目鯛…半身
塩…少々
昆布の佃煮…20g
青ねぎ（小口切り）…少々

1 金目鯛は塩をふって30分以上おき、出てきた水気を拭き取り、半分に切って皮に切り込みを入れる。
2 豆腐は4等分に切る。
3 耐熱皿に1、2、昆布を半量ずつのせ、酒大さじ1ずつ（分量外）をふる。蒸気が上がる蒸し器に入れ、強火で5分蒸して金目鯛に火を通す。蒸し上がりに青ねぎをのせる。

五四

雲かけ豆腐【雲かけ豆腐】

白玉粉をまわりにつけて蒸した豆腐は、うっすらと雲のような衣をまとって風流に。柚子味噌は火にかけず、混ぜるだけ。

材料（2人分）
絹ごし豆腐…1/2丁（200g）
白玉粉（さらさらのもの）*…適量
柚子味噌
　白味噌…大さじ2
　柚子果汁…大さじ1
　柚子の皮（みじん切り）…小さじ1/2
柚子の皮…適宜
＊粒が大きな白玉粉の場合は、ザルでつぶしながら漉すか、片栗粉で代用してもよい。

1　柚子味噌の材料を合わせておく。
2　豆腐は半分に切り、白玉粉を全体にまぶす。
3　耐熱皿に2をのせ、蒸気が上がる蒸し器に入れ、中火で3分蒸す。蒸し上がりに1をのせ、あれば柚子の皮をあしらう。

※蒸さずにたっぷりの湯で茹でてもよい。

五五

青豆豆腐【青豆豆腐】

枝豆も大豆なので豆腐になるんです。
枝豆の香りが爽やか。

材料（2人分）

A
- 豆乳（成分無調整・大豆固形分10%以上）…80ml
- ゆで枝豆*（薄皮までむいたもの）…正味30g
- 塩…ひとつまみ

にがり…小さじ1/4

＊塩ゆでの枝豆を使う場合は塩気があるので味つけに注意。

1 Aをブレンダー（あるいはミキサー）でなめらかにし、にがりを加えて混ぜ、小さめの耐熱容器に入れる。

2 蒸気が上がる蒸し器に1を入れ、弱火で5分ほど蒸す。蒸し上がりにあれば枝豆（分量外）をあしらう。

五六

自家製凍り豆腐の海老蒸し

凍り豆腐は味が濃厚なので濃い味つけに向きます。しっかり水気をきるのがコツです。

材料（2人分）
自家製凍り豆腐（水気を絞ったもの）…2個
むき海老…100g

A
- 醤油…大さじ1
- 砂糖…大さじ1/2
- 紹興酒*…小さじ2
- ごま油…小さじ1
- しょうが（みじん切り）、にんにく（みじん切り）…各小さじ1/2

せり、粉唐辛子…各少々
＊紹興酒がない場合は、日本酒でもよい。

1 海老は食べやすい大きさに切る。
2 ボウルに手でちぎった凍り豆腐と1、混ぜ合わせたAを入れてよくからめ、器に盛る。
3 蒸気が上がる蒸し器に2を入れ、強火で3分蒸す。蒸し上がりにきざんだせりをあしらい、粉唐辛子をふる。

自家製凍り豆腐の作り方
材料（4個分）
木綿豆腐…1丁（400g）を4等分に切り、少し隙間をもたせながら保存袋に入れ、袋の口を閉じ、バットにのせて冷凍庫で凍らせる。使う時は、必要な分量を自然解凍もしくは600Wの電子レンジで1個につき30秒かけて冷まし、両手でギュッと押さえて水気を絞って使う。

五七

鹿の子豆腐

【鹿子豆腐】

淡泊な豆腐にトマトあんをかけると彩りも美しく、簡単ですがおもてなし向きの料理に。

材料（2個分）

木綿豆腐💧💧💧…1/4丁（100g）

A
- ミックスビーンズ（蒸し）…60g
- 片栗粉…小さじ1/2
- 塩…ひとつまみ

トマト（小）…1個

B
- だし…100ml
- 淡口醤油、片栗粉…各小さじ1

おろししょうが…少々

イタリアンパセリ…適宜

1 豆腐をボウルに入れてマッシャーでつぶし、Aを加えてスプーンでよく混ぜる。

2 1を2個に丸めてバットにのせ、蒸気が上がる蒸し器に入れ、強火で4分ほど蒸す。

3 トマトは湯むきして小さめの乱切りにする。

4 小鍋にBを入れて混ぜ溶き、中火にかけてへらでたえず混ぜる。とろみがついてきたら、3を加えて1分ほど煮る。トマトが温まったら、器に盛った2にかけ、しょうがをのせ、あればイタリアンパセリをあしらう。

空也(くうや)蒸し

空也蒸しのあんに
青じそを混ぜたことで
爽やかな香りが楽しめます。

材料（2人分）

絹ごし豆腐…1/4丁（100g）

A
- 卵…1個
- だし…150ml
- 淡口醤油…小さじ1
- 塩…ひとつまみ

B
- だし…50ml
- 片栗粉…小さじ1
- 塩…ひとつまみ
- 淡口醤油…少々

青じそ…少々

1 豆腐は三角形に切る。青じそは粗みじんにする。
2 器に1の豆腐を半量ずつ入れ、Aをよく混ぜて漉したものを半量ずつ加える。
3 2を蒸気が上がる蒸し器に並べ入れ、弱火で15分蒸す。
4 小鍋にBの材料を入れて混ぜ溶き、中火にかけてへらでたえず混ぜる。とろみがついてきたら、1の青じそを加えてすぐに火を止める。
5 3に4のあんを半量ずつかける。

五九

豆腐しんじょう

手軽で味つけもいらないはんぺんに
豆腐を混ぜてしんじょうにしました。
柔らかく仕上がるので
切り分けにコツがいりますが、
風味がよくて、とても美味。

材料（15cm × 12.5cm ×深さ 2cm の小さめのバット 1 個分）

A
- 絹ごし豆腐💧💧…1/2 丁（200g）
- はんぺん…1 枚（90g）
- 片栗粉…小さじ 1

木の芽…適量

わさび醤油
- おろしわさび、醤油…各適量

1 A をフードプロセッサー（あるいはミキサー）にかけてなめらかにする。
2 1 をへらでバットに平たく敷きつめ、木の芽をのせ、蒸気が上がる蒸し器に入れ、強火で 5 分蒸す。
3 粗熱がとれたら食べやすい大きさに切り分け、器に盛る。わさび醤油をつけていただく。

六〇

蓮豆腐 甘酢あんかけ

【蓮豆腐】

れんこんは粗めにすりおろすと、もっちりとシャキシャキの両方の食感が味わえます。甘酢あんをたっぷりかけて、召し上がってください。

材料（2人分）

れんこん 100g

A
- 木綿豆腐 💧💧💧 …1/4丁（100g）
- 豚ひき肉…20g
- おろししょうが…小さじ1/2
- 塩…ひとつまみ
- ごま油…少々

B
- だし…100ml
- 砂糖、片栗粉、米酢、淡口醤油…各小さじ2

白ねぎ（小口切り）、粉唐辛子…各少々

1 れんこんは皮をむいてすりおろし、ボウルに入れ、Aを加えてよく練る。

2 1を四角い形に整えてバットにのせ、蒸気が上がる蒸し器に入れ、強火で6分蒸す。

3 小鍋にBの材料を入れて混ぜ溶き、中火にかけてへらでたえず混ぜながらとろみをつける。

4 2を器に盛り、3をかけ、白ねぎをのせて粉唐辛子をふる。

第五章
油

豆腐と油はともかく相性がよく、淡泊な豆腐が油のおかげでとてもご馳走になります。
そういえば精進料理の豆腐も油が結構使われているから満足のいくお味になっているのかもしれません。炒め物は油の量でコクに変化をつけます。豆腐の揚げ物は長く揚げると水分がどんどん抜けてすが入りますので、なめらかにしたい時はさっと揚げる。しっかりさせたい時は長く揚げる。こちらもお好みでどうぞ。飛龍頭も油揚げも、家で作るとこんなにおいしいのかと感激します。ぜひお試しください。

飛龍頭（ひろうす）【飛龍頭】

具材を豆腐に混ぜずに包んでいるので、
割ると香りがふんわりと立ち上り、
えも言われぬおいしさがあります。
ぜひ揚げたてを召し上がってください。

材料（6個分）

木綿豆腐…1丁（400g）
干ししいたけ…1枚
にんじん…20g
ゆり根、えんどう豆…各20g
ぎんなん…10粒
A｜みりん、淡口醤油…各小さじ1
B｜塩…小さじ1/4
　｜片栗粉…小さじ1
米油（サラダ油でもよい）…適量
塩…少々

1 水でもどしたしいたけは薄切り、にんじんは細切り、ゆり根、えんどう豆、ぎんなんはそれぞれ下ゆでしておく。ゆで上がったぎんなんは薄皮をはずし、半分に切っておく。
2 フライパンにごま油少々（分量外）を入れて中火にかけ、1のしいたけとにんじんを炒める。にんじんに火が通ったら、ほかの1の具材を入れて炒め、Aを加えて下味をつける。
3 豆腐をボウルに入れてマッシャーでつぶし、Bを加えてよく混ぜる。
4 3を6等分ずつ手のひらに平たく広げ、2を6等分ずつのせて包み、形を整える。
5 170℃に熱した米油に4を入れて揚げる。表面が固まってきたら箸で転がしながらこんがりときつね色になるまで（約2～3分）揚げる。好みで塩をつけて食べる。

※ぎんなんはお玉の背で転がしながらゆでると薄皮がむけやすい。

六二

春巻きひろうす

飛龍頭の豆腐の量を減らして
具材と混ぜたものを春巻の皮で包んでみました。
外はパリッと、中はしっとり。とっても簡単です。

材料（2人分）
木綿豆腐 💧💧💧…1/4丁（100g）
干ししいたけ…1枚
にんじん…20g
ゆり根、えんどう豆…各20g
ぎんなん…10粒
A｜みりん、淡口醤油…各小さじ1
B｜塩…ひとつまみ
　｜片栗粉…小さじ1/2
春巻きの皮…2枚
米油（サラダ油でもよい）…適量
からし酢醤油
　｜米酢、醤油…各適量
　｜溶きからし…少々

1　具材とつぶした豆腐を混ぜ合わせる（81ページの飛龍頭の作り方1〜3を参照）。
2　春巻きの皮の上に、1を半量ずつのせて包む。巻き終わりに少量の水で溶いた薄力粉（分量外）をつける。
3　170℃に熱した米油に2を入れて揚げる。様子を見ながらきつね色になるまで（約2分）揚げる。器に盛り、からし酢醤油でいただく。

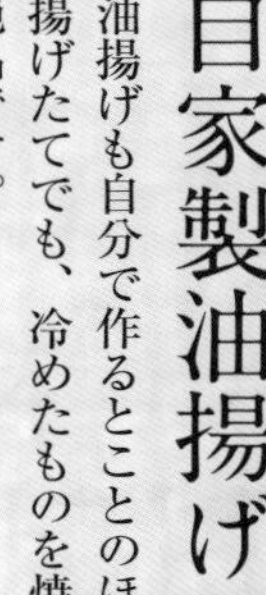

六三 自家製油揚げ

油揚げも自分で作るとことのほかおいしい。揚げたてでも、冷めたものを焼いても絶品です。

材料（3～4枚分）
木綿豆腐 💧💧💧…1/2丁（200g）
米油（サラダ油でもよい）…適量
薬味
　おろししょうが、青ねぎ（小口切り）、
　かつお節…各適量
醤油…適量

1 豆腐は7㎜ほどの厚さに切る。
2 170℃に熱した米油に1を入れて揚げる。時々上下を返しながら両面がきつね色になるまで3～5分揚げる。
3 食べやすい大きさに切って器に盛り、好みの薬味をのせ、醤油をかけていただく。

豆腐とたけのこの木の芽炒め

木綿豆腐は焼きつけると旨みが増します。卵をつぶしながらどうぞ。

材料（2人分）
木綿豆腐…1/2丁（200g）
ゆでたけのこ（小）*…1/2本（40g）
ごま油…大さじ1/2
塩…小さじ1/4
木の芽（粗みじん切り）…少々
目玉焼き…1枚
粗挽き黒こしょう…少々
＊旬のたけのこがなければ細切りにしたじゃがいも、アスパラガスでもよい。

1 豆腐は細めの拍子木切りにする。たけのこは1cm幅に切る。
2 フライパンにごま油を入れて中火にかけ、1を入れてへらで混ぜながら炒る。豆腐の水気が飛んだら塩で味を調える。仕上げに木の芽も加えてさっくりと混ぜ、火を止める。器に盛りつけて目玉焼きをのせ、粗挽き黒こしょうをふる。卵を崩しながらいただく。

六五

揚げ豆腐の甘辛がらめ

豆腐と調味料だけなのに、
なかなか奥深い味。
豆腐の揚げ油は少なめで、
揚げ焼き程度で構いません。
ぜひ出来たてを。

材料（2人分）
木綿豆腐 💧💧💧…1/2丁（200g）
片栗粉…大さじ1
米油（サラダ油でもよい）…適量
A｜砂糖、酒、醤油…各大さじ2
　｜しょうが（細切り）…15g
粉山椒…少々

1　豆腐は手で大きめのひと口大に割る。
2　1に片栗粉をまぶし、170℃に熱した米油で2分ほど揚げる。
3　フライパンにAを入れて中火にかける。沸いたら揚げたての2を入れてさっとからめて火を止める。器に盛り、粉山椒をふる。

六六

菜の花豆腐 【砕き豆腐】

あっという間にできるわが家の定番。
出来たてをご飯にかけて
丼にするのもおすすめです。

材料（2人分）
木綿豆腐…1/2丁（200g）
菜の花*…50g
ごま油…大さじ1
かつお節…1パック（約3g）
醤油…大さじ1
粉唐辛子…少々
＊菜の花がなければ小松菜でもよい。

1 菜の花は粗みじんにする。
2 フライパンにごま油を入れて強火にかけ、豆腐を手で粗くつぶしながら入れて強火のままへらで炒める。豆腐が熱くなったら1を加えてさっと炒め、かつお節と醤油を加えてからめたらすぐに火を止める。器に盛り、粉唐辛子をふる。

六七

雷豆腐（かみなりどうふ）【雷豆腐】

熱した油に豆腐を入れた時に
バリバリと雷のような音がすることから
この名がつきました。焼きつけるように
時々混ぜる程度で仕上げます。

材料（2人分）

木綿豆腐…1/2丁（200g）

A
- ごま油…大さじ1
- ラー油…少々

醤油…大さじ1

薬味
- 大根おろし、青ねぎ（小口切り）…各適量
- おろしわさび…少々

1 フライパンにAを入れて強火にかけ油が充分に温まったら、豆腐を手で割り入れる。豆腐が炒まったら醤油を加え、フライパンを揺すりながら豆腐にからめる。

2 器に盛りつけて薬味をのせ、混ぜながらいただく。

六八

牛脂豆腐

牛脂から出る脂で豆腐を焼きつけると豆腐はおいしく、牛脂は小さくなってホルモンのように。

材料（2人分）
木綿豆腐💧💧💧…1/4丁（100g）
牛脂（和牛）…40g
A　砂糖…大さじ1/2
　　醤油…大さじ1
　　おろしにんにく、ごま油…少々
せり…1/2束
白ごま…少々

1. 豆腐は8等分に切る。せりは3cmの長さに切る。牛脂は1cm幅に切る。
2. 1の牛脂をフライパンに入れて中火にかける。脂が出てきたら1の豆腐を入れ、箸で豆腐の上下を返しながらしっかりと焼きつける。途中余分な脂はペーパーで吸い取っておいしいところだけを豆腐にまとわせる。
3. 牛脂が小さくなって、豆腐がカリッと焼けたら、合わせておいたAを入れて豆腐にからめ、せりを加えてさっくりと混ぜて火を止める。
4. 器に盛り、白ごまをふる。

六九

たらこ豆腐

たらこと豆腐は好相性。
実山椒がなければ粉山椒をふりかけても。

材料（2人分）
絹ごし豆腐 💧💧…1/2丁（200g）
ごま油…大さじ1/2
A | たらこ（薄皮を取る）…30g
  | 実山椒（水煮）、淡口醤油…各小さじ1

フライパンにごま油を入れて中火にかけ、豆腐を手で崩しながら入れる。へらで混ぜ炒め、豆腐が温まったらAを加えて炒める。たらこが白っぽくなったら火を止める。

七〇 そぼろ豆腐

材料を極力シンプルにした和風マーボーです。マーボー（麻婆）の麻は山椒の刺激。これがあれば立派な麻婆です。

材料（2人分）
絹ごし豆腐💧💧…1丁（400g）
ピーマン（緑、あれば赤も）…1～2個（計40g）
A
鶏ももひき肉…100g
玉ねぎ（粗みじん切り）…40g
しょうが（みじん切り）…小さじ1
ごま油…小さじ1
豆板醤…小さじ1/2
淡口醤油…大さじ1
粉山椒…小さじ1/4
水溶き片栗粉
片栗粉…小さじ2
水…大さじ1

1 豆腐は3cm角に切る。ピーマンは1cm角に切る。
2 フライパンにごま油を入れて中火にかけ、Aを炒める。鶏肉に火が通ったら豆板醤と1のピーマンを加えて炒め、ピーマンがしんなりとしたら1の豆腐も入れて炒める、淡口醤油、粉山椒を入れて全体にからめ、豆腐が炒まったら、水溶き片栗粉でとろみをつけて火を止める。

七二

夫婦揚げ 【真のけんちん】

湯葉がなければ春巻の皮でどうぞ。
湯葉も豆腐も材料は大豆。
豆腐はつくづく不思議な食べ物です。

材料（2人分）
木綿豆腐 💧💧💧…1/4丁（100g）
ゆでたけのこ（小）…1/2本（40g）
A｜しょうが（せん切り）…10g
　｜青じそ（せん切り）…2枚分
淡口醤油 …小さじ1
平湯葉…適量
豚肩ロース薄切り肉（しゃぶしゃぶ用）…2枚
米油（サラダ油でもよい）…適量

1 豆腐は拍子木切りにし、たけのこは細切りにしてAとともにボウルに入れ、淡口醤油をからめておく。
2 湯葉は春巻きの皮くらいの大きさに切る。
3 まな板に2を置き、豚肉を広げて重ね、1を半量ずつのせて包み、巻き終わりに楊枝を刺して止める。170℃に熱した米油で揚げる。食べやすい大きさに切り、青じそ（分量外）を敷いた器に盛る。

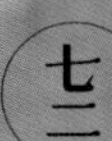

豆腐の照り焼き

いつでもすぐできて、みんなが好きな味。
片栗粉をまぶすと
とろりとした食感になります。

材料（2人分）
絹ごし豆腐…1/2丁（200g）
しし唐…4本
ごま油…小さじ2
片栗粉…適量
A| みりん、淡口醤油…各大さじ2
粉山椒…少々

1　豆腐は8等分に切る。しし唐は竹串で数カ所刺しておく。
2　フライパンにごま油を入れて中火にかけ、片栗粉を薄くまぶした**1**の豆腐を入れ、しし唐を加える。途中上下を返し豆腐の両面に焼き色がついたら**A**を加え、煮汁が全体にとろりとからんだら火を止める。器に盛り、粉山椒をふる。

七三 豚バラ巻き

ぱっと見、角煮に見えますが、
中身は豆腐。
がっかりしないように
味つけは濃いめで。
バラ肉がカリッとするまで
焼いてください。

材料（2人分）
木綿豆腐💧💧…1/2丁（200g）
豚バラ薄切り肉…4枚（60g）
塩、こしょう…各少々
金柑* …1個
A | はちみつ、醤油…各大さじ1
  | おろししょうが、おろしにんにく…各少々
粗挽き黒こしょう…少々
＊金柑がなければ柚子、レモン、オレンジでもよい。

1 豆腐は4等分に切る。金柑は薄切りにする。
2 まな板の上に半分の長さに切った豚肉を十字に置き、真ん中に1の豆腐をのせて巻きつけ、塩、こしょうをふる。
3 巻き終わりを下にしてフライパンに並べ入れ、中火にかける。箸で転がしながら全体を焼き、豚肉に火が通ったらAを加え、1の金柑も入れて煮汁が全体にとろりとからんだら火を止める。器に盛り、粗挽き黒こしょうをふる。

七四

自家製凍り豆腐の唐揚げ

ポイントは凍り豆腐の水気をしっかり絞ること。
黙って出せば胸肉の唐揚げです。

材料（2人分）
凍り豆腐（水気を絞ったもの）*… 3個分
A ｜淡口醤油、ごま油…各大さじ1
　｜おろししょうが、おろしにんにく…各小さじ1/2
　｜こしょう…少々
片栗粉…適量
米油（サラダ油でもよい）…適量
添え野菜
　｜プリーツレタス…適量
レモン（くし形切り）…適量
*凍り豆腐の作り方は74ページ参照。

1　凍り豆腐はひと口大に手でちぎってボウルに入れ、合わせておいたAを加えてからめる。
2　揚げ鍋に米油を入れて170℃に熱し、片栗粉をまぶした1を入れ、1分ほどカリッと揚げる。好みの添え野菜とレモンとともに器に盛りつける。

七五 ゆかり揚げ

味つけはゆかりのみ。
程よい塩気とゆかりの香りがよいおつまみになります。
揚げたてをどうぞ。

材料（2人分）

絹ごし豆腐💧💧…1/4丁（100g）
片栗粉、米油（サラダ油でもよい）、ゆかり…各適量

1 豆腐は6等分に切る。
2 揚げ鍋に米油を入れて170℃に熱し、片栗粉をまぶした1を入れてカリッと揚げ、ゆかりをふる。

七六

いそべ揚げ

じゃがいもを混ぜた豆腐は
軽やかなマッシュポテト。
揚げると両端から
にゅっと具材が出てきますよ。

材料（2人分）

A
- 木綿豆腐💧💧💧…1/4丁（100g）
- じゃがいものすりおろし…大さじ2
- 青のり…少々
- 片栗粉…小さじ1
- 塩…ひとつまみ

焼き海苔…1枚
米油（サラダ油でもよい）…適量
練り梅…少々

1 Aをボウルに入れて泡立て器でよく混ぜる。
2 海苔を8等分に切り、1を等分にのせてはみ出さないように巻く。巻き終わりに水少々（分量外）をつけて止める。170℃に熱した米油で揚げる。器に盛り、練り梅を添える。

七七

揚げだし豆腐

私が一番好きな豆腐料理。
季節の野菜を一緒に揚げれば立派な主菜です。
おだしはたっぷりかけてください。

材料（2人分）

絹ごし豆腐💧💧…1/2丁（200g）
かぼちゃ…100g
なす…1本
万願寺唐辛子…1本
薄力粉…適量
卵…1個
米油（サラダ油でもよい）…適量

A
- だし…200ml
- 淡口醤油…大さじ1
- みりん…大さじ1/2

薬味
- 大根おろし、おろししょうが、青ねぎ（小口切り）…各適量

粉唐辛子…適宜

1 豆腐は半分に切る。かぼちゃは1cm幅に切る。なすはヘタを落として縦半分に切り、皮に細かく切り込みを入れひと口大に切って、水にさらし水気を拭く。万願寺唐辛子は半分に切ってヘタと種を取る。

2 1のかぼちゃと米油を鍋に入れて中火にかけ、170℃くらいになったらなすと万願寺唐辛子も加えて揚げる（揚げ上がりの目安はかぼちゃに竹串がスッと通るまで）。

3 薄力粉をまぶした1の豆腐を溶き卵にくぐらせ、2の油でカリッと揚げる（表面が固まるまで触らないようにする）。

4 Aを小鍋に入れてひと煮立ちさせる。

5 器に2と3を盛り合わせ、4をかけ、好みの薬味をのせ、あれば粉唐辛子をふる。

七八 揚げ木綿のしょうが煮

素揚げしてぐっとコクが出た豆腐をしょうが煮にしました。男前な料理です。

材料（2人分）
木綿豆腐💧💧…1/2丁（200g）
さやいんげん…3本
米油（サラダ油でもよい）…適量
A だし…100ml
　 醤油…大さじ1
　 しょうが（薄切り）…2枚
溶きからし…少々

1 豆腐は半分に切る。さやいんげんは3等分に切る。
2 170℃に熱した米油に1の豆腐を入れ、様子を見ながらきつね色になるまで（約2分）素揚げする。
3 Aを小鍋に入れて中火にかけ、沸いたら2と1のさやいんげんを入れ、落とし蓋をして3～5分ほど煮る。器に盛り、溶きからしをのせる。

七九

釈迦豆腐（しゃかどうふ）【釈迦豆腐】

これは多分お子さんも大好きな味。
ビールにも合います。
お釈迦様の螺髪（らほつ）（つぶつぶの髪の毛）を
想いながらありがたくいただくべし。

材料（2人分）
木綿豆腐💧…1/4丁（100g）
葛粉…適量
米油（サラダ油でもよい）…適量
塩…少々

1 葛粉はザルでつぶしながら漉して細かくする。
2 豆腐は2cm角に切ってザルに入れ、水をはったボウルのなかに入れる。豆腐の角が取れるようにザルを揺すり、ペーパーを敷いたバットに取り出して水気をきる。
3 2の全体に1をまぶし、170℃に熱した米油でカリッと揚げて、塩をふる。

八〇

ねぎ味噌団子

揚げたてを食べると
味噌とねぎの香りが立って、
奥行きのある味わいです。
小さめにするのがおいしさのコツ。
柑橘もよう合います。

材料（2人分）
木綿豆腐…1/4丁（100g）
A
- 味噌…小さじ2
- 青ねぎ（小口切り）…大さじ2
- かつお節…1パック（約3g）
- 片栗粉…小さじ1/2

米油（サラダ油でもよい）、薄力粉…各適量
すだち…適量

1 ボウルに豆腐を手でつぶしながら入れ、Aを加えて手でよく練り、小さく丸める。
2 薄力粉を薄くまぶした1を160℃に熱した米油でカリッと揚げる。串に刺して器に盛り、絞りやすく切ったすだちを添える。

八一

豆腐のすりごまフリット

塩をした絹ごしは、白子のような味わい。黒ごまの香りのよさが引き立ち、ふわふわ食感に感激です。

材料（2人分）

絹ごし豆腐…1/4丁（100g）
塩…少々
フリット生地
　薄力粉…20g
　ベーキングパウダー…小さじ1/4
　すりごま（黒）…大さじ1
　水…大さじ1と1/2
米油（サラダ油でもよい）…適量
菊の花びら…適宜

1　豆腐は手で小さめのひと口大に割り、塩をまぶしてペーパーの上にのせて水気をきる。
2　ボウルにフリット生地の材料を入れて泡立て器でよく混ぜ、1をくぐらせ、170℃に温めた米油に入れる。表面が固まってきたら箸で転がしながら2分ほどカリッと揚げる。器に盛り、あれば菊の花びらをあしらう。

味噌しぎ煮

なすのしぎ焼きを豆腐でアレンジ。
先にしっかり焼いておいたなすは豆腐のように
とろりとし、味噌がよくからんで絶品です。

材料（2人分）
木綿豆腐…1/2丁（200g）
なす…1本
ごま油…大さじ1
A｜だし…50ml
　｜砂糖、淡口醤油…各小さじ1
味噌…大さじ1/2
すりごま（白）…大さじ1/2
たかのつめ（輪切り）…適宜

1　豆腐は6等分に切る。なすはヘタを落として縦半分に切り、皮に細かく切り込みを入れ、ひと口大に切り、水にさらして水気を拭く。
2　フライパンにごま油を入れて中火にかけ、1のなすを皮側から入れ、蓋をして焼く。なすの皮側が焼けたら上下を返し、1の豆腐を加える。途中豆腐の上下を返す。なすがしんなりとしたらAを加えて2分ほど弱火で煮る。煮汁に味噌を溶き、さらに2～3分ほど煮て味を含ませ、すりごまを入れてからめて火を止める。器に盛りつけ、あれば、たかのつめをあしらう。

八三

牡蠣ねぎ豆腐

牡蠣とバター醤油は鉄板のおいしさ。
牡蠣の旨みを吸った豆腐とねぎもご馳走に。

材料（2人分）
絹ごし豆腐💧💧…1/2丁（200g）
牡蠣…6個（130g）
青ねぎ…1～2本（80g）
太白ごま油（サラダ油でもよい）…大さじ1
片栗粉…適量
バター…10g
酒…大さじ1
醤油…小さじ1
柚子果汁…小さじ1
粗挽き黒こしょう…少々

1 豆腐は6等分に切る。青ねぎは斜め切りにする。牡蠣はさっと洗い、ペーパーを敷いたバットに上げて水気をきっておく。
2 フライパンにごま油を入れて中火にかけ、片栗粉を表面にまぶした1の豆腐と牡蠣を並べ入れる。片面が焼けたら上下を返し、上に青ねぎとバターをのせ、酒を回し入れて蓋をする。青ねぎがしんなりとしたら蓋をはずし、醤油で味を調え、火を止め、仕上げに柚子果汁を回し入れる。器に盛り、粗挽き黒こしょうをふる。

八四

きんぴら豆腐

きんぴらと豆腐を煮合わせました。最後に煮汁を飛ばすように仕上げると味が決まります。

材料（2人分）

木綿豆腐💧…1/2丁（200g）
ごぼう（ささがき）…40g
にんじん（ささがき）…10g
絹さや…6枚
ごま油…小さじ2
A｜だし…100ml
　｜みりん、淡口醤油…各大さじ1
粉山椒…少々

1 豆腐は大きめのひと口大に手で割る。絹さやは筋を取って斜め切りにする。
2 フライパンにごま油を入れて中火にかけ、ごぼう、にんじんの順に入れて炒める。途中1の絹さやを加えて炒める。野菜に油がまわったら、Aを回しかけ、1の豆腐を加え、蓋をして2～3分煮る。
3 蓋をはずし、箸でやさしく混ぜながら煮汁を飛ばすように煮詰める。器に盛り、粉山椒をふる。

八五

すき焼き豆腐

最初に豆腐を焼きつけると
香ばしさが引き立ちます。
お好みで溶き卵につけて食べてもらっても。

材料（2人分）
木綿豆腐💧💧…1/2丁（200g）
牛脂…適量
牛こま切れ肉…100g
春菊…1/2束（80g）
砂糖、醤油…各大さじ1
粉唐辛子…少々

1　牛肉は食べやすい大きさに切り、春菊は長ければ半分の長さに切る。
2　土鍋に牛脂をなじませながら中火にかけ、豆腐を入れて蓋をして焼く。豆腐に焼き色がついたら上下を返し、空いたところに1の牛肉を加える。肉の上に砂糖と醤油をかけ、混ぜながら肉に味をからめる。火が通ったら、1の春菊を加えてさっとからめる。火を止め、粉唐辛子をふる。

※土鍋がない場合は、スキレットやフライパンでもよい。

tofu column

豆腐の仲間の油揚げも万能です

気軽に使えて、煮ても焼いても汁にしてもおいしい油揚げは京都のおばんざいに欠かせない食材です。

豆腐と同じでお店ごとの味があり、揚げたての香ばしさは格別です。木綿豆腐を揚げたものと思いがちですが、しっかり水分を抜いた油揚げ用の豆腐生地を揚げています。お店によって大豆の産地や揚げる温度は異なりますが、低温で揚げて生地が膨らんだら、高温の油鍋へ。お豆腐屋さんによると揚げている間はつきっきりで、厚みが増して表面がカリッとなるまで、目が離せないそうです。

そんな手間がかかっているのに、気軽で栄養価が高い、庶民の味方！　ありがたいことです。持ち味を味わうなら、さっと焼くか炙り。油が旨みやコクにもなるので、油抜きはしなくてよく、私はいなりのように味を中までしみ込ませたい時だけ油抜きをしています。

この本では、同じ大豆から作られたもの同士ということで、豆腐に油揚げを合わせた料理を数点ご紹介しています。また、よく水きりした木綿豆腐を素揚げにして、油揚げ風の一品も作ってみました。お豆腐屋さんの油揚げのように手間はかかっていませんが、こちらも美味。ぜひ作ってみてください。

第六章

汁たっぷりの豆腐は、生活の基本。味噌でも、醤油でも、あんかけでも。汁仕立ての豆腐は絹、木綿、こちらもどうぞお好みで。水きりもさほど要りませんが、どれも出来たてが一番おいしく、時間をおくと豆腐から出る水分で味がボケます。温め直して食べる時はもう一度味を確認して、足りなければ味を足す。もしくは食べる人の分ずつ豆腐を入れるのでもいいと思います。豆腐は水でできているので、そんなことを意識して作ると納得いくお味に仕上がりやすいのではないかと思います。

八六

ぶっかけうどん豆腐【ぶっかけうどん豆腐】

豆腐をうどんに見立ててぶっかけに。
温泉卵と明太子はなんでもおいしくしてくれるトッピングです。
軽く混ぜてご飯にのせて食べても◯。

材料（2人分）
絹ごし豆腐 💧💧…1丁（400g）
めんつゆ
　だし…100ml
　みりん、醤油…各大さじ1
付け合わせ
　温泉卵、明太子、青ねぎ（小口切り）、
　おろししょうが、白ごま…各適量

1 豆腐は長細く切る。
2 鍋に熱湯を沸かし、塩ひとつまみ（分量外）を入れ、1をそっと入れて火を弱め2～3分ゆらゆらと煮る。
3 小鍋にめんつゆの材料を入れて中火にかけ、ひと煮立ちしたら火を止める。
4 2の水気をきって器に盛り、好みの付け合わせを添え、3のめんつゆをかける。

※めんつゆを冷やして、冷たい豆腐で作ってもよい。

八七

葛あんかけ湯豆腐

【高津(こうづ)湯豆腐】

たっぷりのあんかけがやさしい味わいの豆腐。薬味は好みでおろししょうがやわさび、溶きからしでも。

材料（2人分）

絹ごし豆腐…1/2丁（200g）
A｜だし…200ml
　｜片栗粉、淡口醤油…各大さじ1
柚子こしょう…少々

1 豆腐は半分に切る。
2 鍋に熱湯を沸かし、1を入れて火を弱め2～3分ゆらゆらと煮る。
3 小鍋にAの材料を入れて混ぜ溶き、中火にかけてへらでたえず混ぜながらゆるくとろみをつける。
4 2の水気をきって器に盛り、3をかけ、柚子こしょうをのせる。

八八

梅とろろだし豆腐

だしごと味わう湯豆腐です。
梅干しをつぶしながら
味に濃淡をつけて食べるのが贅沢な愉しみ。

材料（2人分）
絹ごし豆腐💧…1/2丁（200g）
A｜だし…300ml
　｜淡口醤油…大さじ1/2
梅干し（塩分10%程度のもの）…2個
とろろ昆布…適量

1　豆腐は半分に切る。
2　小鍋にA、1、梅干しを入れて中火にかける。沸いたら火を弱め1～2分煮る。豆腐が温まったら火を止め、器によそい、梅干しとほぐしたとろろ昆布をのせる。

とろみ汁

揚げと豆腐を小さく切ると
また食感や味わいが変わり、
スルスルと体に入っていきます。
少し胃腸が弱っている時にも
おすすめです。

材料（2人分）

絹ごし豆腐…1/4丁（100g）
油揚げ…30g
A｜だし…300ml
　｜淡口醤油…大さじ1/2
水溶き片栗粉
　｜片栗粉、水…各小さじ1
黒七味…少々

1 豆腐と油揚げはそれぞれ7㎜角に切る。
2 小鍋にAと1を入れて中火にかけ、豆腐が温まってきたら水溶き片栗粉を加え、やさしく混ぜながら1～2分ほど煮てゆるくとろみをつける。器によそい、黒七味をふる。

九〇

長芋豆腐【はんぺん豆腐】

長芋の軽やかな粘りが豆腐をやさしくまとめて上品な味わいにしてくれます。あんなしで、わさび醤油も合います。

材料（2人分）

A
- 木綿豆腐 💧💧…1/4丁（100g）
- 長芋のすりおろし…40g
- 塩…ひとつまみ

B
- だし…100ml
- みりん、淡口醤油…各小さじ2
- おろししょうが、片栗粉…各小さじ1

貝割大根…適宜

1 Aをブレンダー（あるいはフードプロセッサー）にかけてなめらかにする。
2 まな板の上にラップを2枚広げ、1を半量ずつのせ、形を整えながら包み、ラップの口を輪ゴムで縛る。
3 鍋に熱湯を沸かし、2を入れて火を弱め5分ほどゆらゆらと煮る。
4 小鍋にBの材料を入れて混ぜ溶き、中火にかけてへらでたえず混ぜながらとろみをつける。
5 鍋から引き上げた3のラップをはずして器に盛り、4をかけ、あれば貝割大根をあしらう。

※泡立て器を使う場合は、豆腐を先によく混ぜてなめらかにしてから、他の材料を加えて混ぜる。

九一

八杯豆腐 【真の八杯豆腐】

昔のレシピは本当に面白いですね。
だし：酒：醤油＝6：1：1、
8杯のお玉で味が決まる、
失敗なし、安心の味です。

材料（2人分）

絹ごし豆腐…1/2丁（200g）

A | だし…180ml
　| 酒、醤油…各30ml

薬味

　| 大根おろし、青ねぎ（小口切り）…各適量

粉唐辛子…適宜

1 鍋にAを入れて中火にかける。沸いたら豆腐をスプーンで大きめにすくい入れる。コトコトと2分ほど煮る。

2 豆腐が温まったら器によそい、好みの薬味をのせ、あれば粉唐辛子をふる。

九二

サムゲタン豆腐

鶏もも肉は切らずに塊のまま煮ると
おいしいスープとお肉になります。
味つけは塩だけで、
もち米は洗わずに使います。

材料（2人分）

絹ごし豆腐…1/2丁（200g）
鶏もも肉…1枚（300g）

A
- 水…700ml
- もち米*…大さじ1
- にんにく…1片

塩…小さじ1/2
せり、クコの実…各適量
＊もち米がなければ普通のお米でもよい。

1 豆腐は4等分に切る。
2 鍋に鶏肉とAを入れ、強火にかける。沸いたらアクを取り、蓋を斜めにかけて常にグラグラするくらいの中火で30分煮る。塩で味を調え、鶏肉を引き上げて食べやすい大きさに切る。鍋に1を入れ、切った鶏肉をもどし入れ2分ほど煮る。豆腐が温まったら、きざんだせりとクコの実をあしらう。

九三

すりながし豆乳【摺り流し豆腐】

うっすら味噌味のすりながしです。
葛粉で程よいとろみがついて、やさしい味わい。

材料（2人分）
豆乳*1…200ml
葛粉*2、味噌…各小さじ2
粗挽き黒こしょう…適量
＊1 豆乳は成分無調整のものであればOK。
＊2 片栗粉小さじ1で代用してもよい。

1 すべての材料をボウルに入れて泡立て器でよく混ぜ溶き、漉す。
2 小鍋に1を移し、弱めの中火にかけてへらでたえず混ぜながらとろみをつける。器によそい、粗挽き黒こしょうをふる。

九四

あわせ味噌汁

白味噌と赤味噌の合わせ味噌ですが、豆腐を味わうために味噌汁は濃いめで少量にしています。
寒い時期は白味噌を多めにすると季節感が出ますよ。

材料（2人分）
木綿豆腐…1/8丁（50g）
太白ごま油（サラダ油でもよい）…少々
薄力粉…適量
A｜白味噌…大さじ2
　｜赤味噌…小さじ1
だし…200ml
溶きからし、黒ごま…各少々

1 豆腐は4等分に切る。
2 ボウルにAを入れて泡立て器で練り混ぜ、だしを加えてよく混ぜ溶き、漉す。
3 2を鍋に移して中火にかけ、沸いたら火を弱めてトロッとするまで2～3分煮る。
4 フライパンにごま油を入れて中火にかけ、薄力粉を表面にまぶした1を入れて両面をこんがりと焼く。
5 器に4を盛り、3をかけ、溶きからしをのせて黒ごまをふる。

九五

肉すい豆腐

少しのお肉が
とてもいいスープになってくれます。
醤油を多めにしておうどんを入れて
煮てもおいしいです。

材料（2人分）
絹ごし豆腐💧…1/2丁（200g）
牛こま切れ肉…50g
青ねぎ…1～2本（80g）
だし…300ml
淡口醤油…大さじ1
粉唐辛子…適宜

1 豆腐は8等分に切る。牛肉は食べやすい大きさに切っておく。青ねぎは斜め切りにする。
2 鍋にだしを入れて中火にかけ、沸いたら1の牛肉を入れて箸で混ぜ、再び沸いたらアクを取り、淡口醤油を加える。豆腐を入れて2分ほど煮たら、1の青ねぎを加える。器によそい、あれば粉唐辛子をふる。

九六

豆腐とはまぐりのおすまし

はまぐりは開いてからあまり長く煮ると身が硬くなるのでささっと仕上げます。わかめを入れるので昆布なしでもおいしい。

材料（2人分）
絹ごし豆腐💧…1/2丁（200g）
はまぐり…4個
わかめ（ボイル）…30g
水…300ml
淡口醤油…少々
木の芽…適宜

1 豆腐は4等分、わかめは食べやすい大きさに切る。
2 はまぐりはタワシで殻の汚れを洗い落とし、分量の水とともに鍋に入れて中火にかける。
3 はまぐりが開いてきたら、1を加え、淡口醤油で味を調える。器によそい、あれば木の芽をあしらう。

※はまぐりの殻は食べる時に邪魔になるので、ひとつの殻に身をふたつ入れると見映えがする。

九七

豆腐の鶏卵汁

これも私の十八番。
ちょっとおかずが足りない時に
ちょうどいいです。
醤油と片栗粉を多めにして
ご飯にかけてもおいしいです。

材料（2人分）
絹ごし豆腐…1/2丁（200g）
A｜だし…300ml
　｜淡口醤油…大さじ1/2
水溶き片栗粉
　｜片栗粉、水…各大さじ1
卵…1個
おろししょうが…少々

1 鍋にAを入れて中火にかける。沸いたら豆腐をスプーンで大きめにすくい入れ、コトコトと2分ほど煮てから、水溶き片栗粉を加えてとろみをつける。
2 再び煮立ったら、溶き卵を回し入れて卵がふんわりとしたら火を止める。器によそい、しょうがをのせる。

九八

家族汁

豆腐、油揚げ、納豆、味噌。
全部大豆なので家族汁です。
納豆は直前にきざんで仕上げに入れます。
煮えばなをいただくと
そのおいしさに感動します。

材料（2人分）
木綿豆腐💧…1/4丁（100g）
油揚げ…20g
納豆…1パック（約40g）
だし…300ml
味噌…30g
細ねぎ（小口切り）…適量

1 豆腐は2cm角に切る。油揚げは1cm幅の短冊切りにする。納豆は粗くきざんでおく。
2 鍋にだしを入れて中火にかける。沸いたら、1の豆腐と油揚げを入れる。再び沸いたら味噌を味噌漉しなどで漉しながら溶き入れ、納豆を加えてすぐに火を止める。お椀によそい、細ねぎを散らす。

九九

白味噌雑煮

関西では小さめの丸餅をよくいただきます。
白味噌は弱火でコトコト煮るのがおいしさの秘訣です。

材料（2人分）
絹ごし豆腐 …1/4丁（100g）
白味噌…50g
大根…30g
金時にんじん＊1…10g
丸餅…2個
昆布（3cm四方のもの）…1枚
水…200ml
糸かつお＊2…少々
＊1 普通のにんじんでもよい。
＊2 パックのかつお節でもよい。

1 昆布を分量の水に3時間以上浸けておく。
2 豆腐は4等分に切る。大根は皮をむいて5㎜幅のいちょう切りにし、にんじんも皮をむいて5㎜幅の輪切りにする。大根とにんじんはともに下ゆでしておく。
3 鍋に白味噌を入れ、1を少しずつ注いで泡立て器でよく混ぜ溶き、餅と2を加えて弱火にかけ5分ほど煮る。餅が柔らかくなったらお椀によそい、糸かつおを飾る。

百

ウズミ豆腐【うずみ豆腐】

ぐちゃっと作ればねこまんまですが、
上品に作ればこんなに美しいひと品に。
いずれにせよ、味噌汁とご飯は最強バッテリーです。

材料（2人分）
木綿豆腐💧💧…1/2丁（200g）
A｜だし…120ml
　｜赤味噌…小さじ2
ご飯…適量
木の芽…適宜

1 豆腐は半分に切ってアルミホイルにのせ、強火のグリルで5～6分焼く。
2 ボウルにAを入れてよく混ぜ溶き、漉す。
3 2を鍋に移し、1を加えて中火にかける。沸いたら火を弱めて3～5分ほど煮る。
4 ザルにご飯を入れて熱湯でさっと洗い、水気をきる。
5 器に3をよそい、4のご飯をのせ、あれば木の芽をあしらう。

※オーブントースターの場合は250℃で7～8分焼く。

終わりに

この度は「新・豆腐百珍」をお手にとってくださり、本当にありがとうございます。

この本を作る間、試作、本番の写真撮影、校正とずっと豆腐料理を食べ続けました。普段の料理も肉は少しにして、お鍋の空いたところには豆腐を入れてさっと炒めたり、コトコト煮たり。豆腐屋さんに容れ物をもって何度通ったことか。しばらくそんな生活を続けていると、「あれ？ なんだか体が軽い？」「お財布の減りがちょっとゆっくりになった？」と嬉しい副作用もありました。

最近、私はプラントベースフードに関心があるのですが、素晴らしい技術だと思う反面、十分に浸透するにはまだ時間がかかりそうだなと思っています。でも辺りを見回すと、実は身近にこんなに手軽で安価なプラントベースフードである「豆腐」がある。その気づきもこの本を作る大きなモチベーションになりました。ささやかに見えるこの一歩が地球を救う。本気でそう思っています。

一〇〇品の中にはちょっと作るのが面倒に思われるものもあるかもしれません（いや、あるでしょう）。でも、これならできそうというものも、たくさん入れ込みました（そのほうが多いはずです）。ぜひひとつ、ふたつとレパートリーを増やしていただいて、お豆腐ともっと仲良くなっていただければこんなに嬉しいことはありません。

この本の作成に当たり、ぐいぐいと背中を押してくださった編集の西村晶子さん、普通の家庭料理を本当に美しい世界へ昇華させてくださった内藤貞保カメラマンさん、企画から出版まで温かく見守ってくださった世界文化ブックスの川崎阿久里さん、プロ並みの校正努力をしてくれたアシスタントの酒井智美さん、「あ〜。肉が食べたい」と言いつつもたくさんの試作に付き合ってくださった酒井さんの旦那様、そして私の家族にも心から感謝してこの本の結びとしたいと思います。
本当にありがとうございました。

料理研究家　大原千鶴　拝

INDEX

素材&水きり3段階別料理一覧

💧は水きりの3段階を表しています（P14～15参照）

木綿豆腐

絹ごし豆腐

etc.

大原千鶴 おおはら・ちづる

料理研究家。京都・花脊（はなせ）の料理旅館「美山荘（みやまそう）」が生家。小さな頃から自然に親しみ料理の心得を学ぶ。結婚後、京都市中に移り住み、2男1女の母として子育てのかたわら、料理研究家として活動をはじめる。NHK「きょうの料理」、NHKBS4K「あてなよる」レギュラー出演、NHKBSプレミアム「京都人の密かな愉しみ」料理監修のほか、家庭料理の講習や講演など、幅広く活躍している。著書も多数あり、近著に『大原千鶴のささっとレシピ　具材のつくりおきで、絶品おかず』（高橋書店）、『大原千鶴のお斎レシピ　素材をたのしむ精進料理』（東本願寺出版）。小社刊に『大原千鶴の酒肴になる「おとな鍋」』、料理エッセイ『旨し、うるわし、京都ぐらし』がある。第3回京都和食文化賞受賞。

撮影　内藤貞保
調理アシスタント　酒井智美
企画・編集　西村晶子
ブックデザイン　椎名麻美
取材・撮影協力　嶌本豆腐店
DTP協力　株式会社明昌堂
校正　株式会社円水社
編集部　川崎阿久里

大原千鶴の「新・豆腐百珍」
シンプル美味！ からだがよろこぶ100レシピ

発行日　2021年6月30日　初版第1刷発行

著者　大原千鶴
発行者　竹間勉
発行　株式会社世界文化ブックス
発行・発売　株式会社世界文化社
〒102-8195
東京都千代田区九段北4-2-29
電話　編集部　03（3262）5129
　　　販売部　03（3262）5115

印刷・製本　中央精版印刷株式会社

ISBN978-4-418-21311-5